사춘기
철학 여행

초록서재 교양문고_ **철학**

사춘기 철학 여행

초판 1쇄 발행 2022년 1월 7일 | 초판 2쇄 발행 2022년 11월 17일
글쓴이 유성오 | 펴낸이 황정임
총괄본부장 김영숙 | 편집 김선현 | 디자인 이재민 심재원 | 마케팅 이수빈 고예찬 | 경영지원 손향숙
펴낸곳 초록서재(도서출판 노란돼지) | 주소 (10880) 경기도 파주시 교하로875번길 31-14 1층
전화 (031)942-5379 | 팩스 (031)942-5378 | 홈페이지 yellowpig.co.kr | 인스타그램 @greenlibrary_pub
등록번호 제406-2015-000091호 | 등록일자 2009년 11월 18일

ISBN 979-11-976285-2-8 43100
© 유성오 2022

초록서재 초록서재는 여린 잎이 자라 짙은 나무가 되듯, 마음과 생각이 깊어지는 책을 펴냅니다.

초록서재
교양문고

철   학

사춘기
철학 여행

10대를 위한 철학 이야기

유성오 지음

초록서재

철학 여행을 떠나며

우리가 갖고 있는 흔한 생각 중 하나가 '철학하는 사람=별종'이
라는 공식입니다. 예상 밖의 행동을 하거나 뜻밖의 말로 당황하게
만드는 사람이라는 겁니다.

대학교 때입니다. 머리를 잘 감지 않는 친구가 있었습니다. 철학
과 특징 중 하나가 남의 개인사에 대해 여간해서 간섭하지 않는 것
입니다. 그래서 별 탈 없이 잘 지내고 있었습니다.

그런데 문제는 이 친구와 다른 과의 강의를 듣게 될 때 발생합니
다. 다른 사람들이 흘끔 쳐다보며 콧잔등을 씰룩거리기도 합니다.
다른 과 학생이 물었습니다.

"왜 머리를 안 감으세요. 무슨 특별한 이유가 있어요?"

"아니 별로, 그냥……. 가르마가 잘 타지잖아요."

왜 반드시 머리를 감아야만 하는가? 아니 무슨 그런 헛소리냐고
황당해 할 사람이 있을지도 모르지만, 그럼에도 그 질문은 소중한

것입니다. 별다른 고민 없이 원래 그러려니 하는 사람들에게는 사실 문명의 창조를 기대하기가 어렵습니다. 인류 문명의 위대함은 뭔가 이의를 제기해 보고 새롭게 해 보려는 반성적 사고에서 비롯되는 것입니다.

그렇다 해도 "왜 머리를 감아야 하는가?"라는 질문은 너무한 것 아닌가? 한두 살 먹은 애들도 아닌데……. 철학한답시고 떠벌리는 자기과시 아니냐는 생각을 떨쳐 버릴 수가 없습니다. 하지만 분명한 것은, 단지 철학한답시고 겉멋 들어 거들먹거리며 내뱉는 헛소리만은 아니라는 사실입니다.

우선은 머리를 감는 행위가 내 생활에 필요해서 하는 것인지, 아니면 남에 대한 배려에 필요해서 하는 것인지를 구분할 필요가 있습니다. 나의 필요란, 멋있게 보이기를 원해서라든지, 안 감으면 찜찜해서라든지 하는 경우입니다. 남에 대한 배려란, 다른 사람에게 피해를 주지 않기 위해서라든지, 사회가(다른 구성원들이) 원하기 때문이라든지 하는 경우입니다.

만일 자기 필요 때문이라면, 가르마가 잘 타진다는 게 본인의 필요를 충족시키기에 그의 행동은 전혀 문제 될 게 없습니다. 남의 시선이나 평가가 그에게는 전혀 문제가 되지 않기 때문입니다. 자기 나름대로의 개성인 거지요.

그러나 타인에 대한 배려를 고려한다면 문제가 복잡해집니다.

타인 배려 때문에 자기 필요를 포기해야 하기 때문입니다. 그런 포기가 어떻게 정당화될 수 있는지를 생각해 봐야 합니다. 그다음에는 포기를 해야 한다면 어느 정도 포기할 것인지를 따져 봐야 합니다. 무작정 자기의 요구를 포기할 수도 없지만, 무작정 타인에 대한 배려를 무시할 수도 없기 때문입니다. 둘 사이에 절묘한 조화를 찾아내야 하는데, 이게 쉽지 않은 과정입니다.

왜 머리를 감아야 하는가?

왜 결혼을 해야 하는가?

왜 인간은 정직해야 하는가?

왜 사는가?

이런 질문에는 인간을 인간이게끔 하는 에너지가 담겨 있습니다. 이 물음을 포기한 순간 더 이상 인간이 아니라고도 할 수 있습니다. 인간은 본능을 넘어 의미를 찾기 때문입니다.

자기 행위에 담긴 보다 본질적인 의미를 찾으려는 노력이 바로 철학하는 인간의 모습입니다. 순간순간 우리가 맞닥뜨리고 있는 삶에서 진정한 의미와 가치를 찾으려는 몸부림인 셈입니다. 이게 바로 인생을 가치 있게 하는 근거이기도 합니다.

철학은 인간을 철들게 합니다. 우리가 살아가는 삶의 길목에서 삶의 진정한 의미를 찾으려는 몸짓이기에 그렇습니다. 어느 날 갑자기 삶이 낯설게 느껴질 때, 생각 없이 받아들였던 삶에 대해 의

문을 제기할 때, 인간은 철이 들기 시작하는 것입니다. 먹고 마시고 떠들며 지내왔던 순간들이 덧없이 느껴지고, 이대로는 안 되겠다는 절박함이 고개를 드는 순간이 옵니다. 그 순간부터, 인간은 단 한 번뿐인 삶의 진정한 가치에 대해 고민하는 인간다운 인간이 됩니다. 그게 바로 철학하는 인간의 삶인 것입니다.

철학은 단순히 지식이 아닙니다. 암기해야 하는 정보가 아닙니다. 철학은 하는 것(爲)입니다. 철학자 칸트의 말대로 철학함이어야 합니다. 어려운 말을 떠벌리며 유식한 척하는 유희가 아니라 살아가는 '삶 자체'입니다. 그 삶의 진짜 의미에 대해 묻고 대답하는 과정입니다. 인간으로서 살아가는 한, 인간은 누구나 철학자일 수밖에 없습니다.

언젠가 우연히 낡은 책상에서 다음과 같이 적힌 낙서를 보고 신선한 감동을 받았던 기억이 납니다.

철학이란 누구나 다 아는 것을 어렵게 말하는 것이다.

철학은 누구나 다 하는 것으로서, 결코 어렵게 말해서는 안 된다는 것입니다.

차례

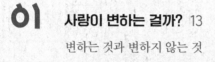

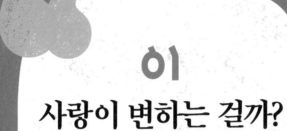

사랑이 변하는 걸까?

변하는 것과 변하지 않는 것

우리는 보통 사람이 변했다는 말을 흔히 쓴다.
과연 사람이 변한 것일까?
아니면 그 사람의 본래 모습을
내가 몰랐던 것일까?

우리는 보통 사람이 변했다는 말을 흔히 씁니다. 과연 사람이 변한 것일까요? 아니면 그 사람의 본래 모습이 그랬던 것을 이전에는 몰랐던 것일까요?

청소년기의 큰 관심 중 하나가 연애 사건입니다. 누가 누구를 좋아하고, 누가 누구를 찼다. 때로는 자기가 좋아하는 상대를 친구가 좋아한다고 해서 갈등이 벌어지기도 합니다. 정작 상대방은 내게 관심도 없는데, 자기 혼자 찍어 놓고 친구한테 건들지 말라고 협박(?)하는 일도 벌어집니다.

'바우가 드디어 내게 말을 걸어왔다. 나와 사귀고 싶다고. 그런데 여자 애들 사이에서 그 애는 바람둥이로 소문이 났다. 얼마 전 영희가 바우한테 차였다고 울며불며 내게 하소연을 했다. 그래서 같이 실컷 욕을 해줬는데……. 바우가 사실은 내게 더 관심이 있었다는 것이다. 그 말이 사실일까? 혹시 나도 나중에 영희처럼 바우에게 차이는 건 아닐까? 설마……. 근데 영희하곤 어떻게 되는 거지?'

사랑이냐 우정이냐는 주제는 아주 오래된 것이지만, 여전히 아직도 명쾌하게 답이 없는 주제이기도 합니다. 사실 인생의 많은 문제들이 대부분 그런 것이지만 말입니다. 쉽게 답이 주어진다면 굳이 오랫동안 사람들 사이에서 이야기될 이유도 없습니다. 저런 경우 나라면 어떻게 해야 할 것인가?

"무슨 개소리야? 친구가 우선이지. 연애 감정이란 언제 바뀔지 믿을 수가 없어."

"헛소리, 친구는 무슨. 사랑은 기회가 왔을 때 잡는 게 장땡이지."

남의 일이라면 쉽게 결론을 내릴 수 있습니다. 하지만 정작 내게 그런 상황이 닥친다면 이건 진짜 고민이 아닐 수 없습니다. 우정을 팔아먹은 인간쓰레기로 찍힐 것이냐, 하늘이 주신 기회를 잡는 용기 있는 자가 될 것이냐? 그것이 문제로다.

또 다른 주제가 있습니다. 남자와 여자는 친구가 될 수 있는가? 잘 사귀다가 헤어지는 순간에 하는 흔한 레퍼토리 중에 하나가, 우리 좋은 친구 사이로 지냈으면 좋겠다는 말입니다. 네가 싫어졌다거나 다른 사람이 좋아졌다고 솔직하게 말하는 것이 부담스러워서 생겨난 멘트입니다. 사귀어 보니 애인은 아닌 것 같으니 친구로서 좋은 관계를 유지하자는 것이지요. 상대방을 차버리면서 느낄 수 있는 도덕적 부담감도 덜어가며 깔끔하게 관계를 정리할 수 있는 절묘한 표현이 아닐 수 없습니다.

왜 갑자기 애인에서 친구로 관계를 바꾸자는 것일까? 내게 무슨 문제가 있나? 어디서 무슨 잘못을 한 건가? 어떻게 하면 다시 이전으로 돌아갈 수 있을까? 이미 양쪽이 다 미련이 남아 있지 않은 상태라면, 이보다 더 좋은 멘트는 없을 것입니다. 남이 보기에도 아주 스마트해 보입니다. 멋지고 쿨한 영화의 한 장면이 만들어지는 것입니다.

하지만 어느 한 쪽이 아직 준비가 되어 있지 않다면, 전혀 그런 상황을 예상치도 못했다면 얘기는 달라집니다. 대부분의 이별은 그러합니다. 아직 미련이 남아 있는 쪽의 입장에서는 오만 가지 생각들이 떠오를 수밖에 없습니다. 분명히 뭔가 돌이킬 수 있는 방법이 있을 것이라는 기대를 버리지 못하고 속을 끓이는 것입니다. 눈물을 흘리며 애원하든, 술을 퍼먹고 발작을 하든, 죽도록 조깅을 하든…….

아주 흔하게 극단적인 생각을 해 보기도 합니다. 내가 죽으면 슬퍼하거나 후회하지 않을까? 그래서 병원에 달려와서 잘못했다고 펑펑 울지 않을까? 그 순간 나는 기적적으로 깨어나고……. 정신 나간 망상입니다. 슬퍼하기는, 후회하기는커녕, 오히려 재수 없다 할 것입니다. "정말 헤어지길 잘했네. 저런 병약하고 편집적인 인간과 어찌 평생을 살겠어." 다만 겉으로는 혹시라도 자기에게 도덕적 비난이 돌아오지 않을까 하여 조심할 뿐입니다.

도대체 왜 변한 것일까요? 아무리 곱씹어 보고 돌이켜봐도 이유를 알 수가 없습니다. 그래서 현명한 어른의 답을 듣고 싶어서 헤라클레이토스 선생을 찾아갔습니다. 인간의 삶이라는 게 어차피 거기서 거기니까 그분 역시 다 겪어 보지 않았겠습니까? 게다가 인생에 대한 생각들을 많이 한 지혜가 더해지니 뭔가 명쾌한 답을 줄 것만 같습니다.

헤라클레이토스 선생 왈,

"변하는 게 정석이야. 너를 버리고 선택한 그 애와도 결국 헤어져서 또 다른 애를 좋아하게 될 거다. 행여나 겉으로 헤어지지는 않더라도 누군가 다른 사람을 더 좋아하게 되겠지. 여자들이 흔히 하는 말이 있어. 결혼 전과 결혼 후가 달라졌다는 거야. 남자들이 결혼한 후에 변했다고? 남자만 변했나? 여자도 변했어. 결혼 전과 똑같이 변하지 않고 있기를 바라는 게 사실은 잘못인 거지. 여자도 변하고 남자도 변하고……. 변한 것에 대해 미련 두지 말고 빨리 적응하는 게 상책이다. 그리고 세상만사가 늘 변한다는 사실을 염두에 두고 대비하며 살아라."

내게 무슨 잘못이 있다거나, 어떤 문제가 있어서 그런 게 아니라는 얘기입니다. 원래 사람은 변하는 거라는 것이지요. 내 문제가 아니라, 상대의 문제라는 얘기입니다. 그렇다면 왜 나는 안 변했는데, 상대는 변한 것일까요? 서로를 향한 마음이 변하는데, 내가 상대보다 좀 더 늦었을 뿐입니다. 내가 재수가 없었던 것이지요. 아니면 내가 더 성실했기 때문이든가. 하지만 언젠가는 변합니다. 지금은 죽을 것만 같을지도 모릅니다. 하지만 세월이 지나고 나면, 아무것도 아닌 지난 추억의 한 장면이 될 것입니다.

어쩌면 그때 헤어지길 잘했다라고 생각할 날도 올 겁니다. 어른들이 흔히 해 주는 위로의 말이기는 하지만, 그냥 하는 얘기가 아니라 다 경험한 내용인 거지요. 물론 그런 날이 안 올 수도 있습니다. 사람들 중에는 현재에서 만족을 발견하지 못하면서 사는 사람도 있으니까 말입니다. 과거를 떠올리면서 그(그 여자)와 결혼했더라면 지금보다 더 좋아지지 않았을까 하는 상상을 합니다. 정말 터무니없는 망상에 불과합니다. 누가 그걸 보장합니까? 나를 찼던 상대가 보장해 줄까요? 아니면 현재 삶을 불만족스러워하는 내가 보장해 줄까요? 현재 내게 주어진 삶에서 행복을 찾을 능력을 키우기로 선택하는 게 훨씬 더 믿을 수 있는 해결책입니다.

사람마다 의견이 다르고 경험한 바가 다르니, 한 번 더 확인해 볼 필요가 있습니다. 아무리 지혜로운 사람일지라도 그 사람만의 편견에 빠질 수 있기 때문에 검증해 보는 과정이 필요합니다. 그래서 헤라클레이토스 선생과 쌍벽을 이룬다는 파르메니데스 선생을 찾아가서 조언을 구하기로 합니다. 그분의 얘기를 들어 보면 보다 더 정확한 답을 찾을 수가 있지 않을까요?

 파르메니데스 선생 왈,

"변한 게 아니라 원래 그런 거야. 그동안은 너를 좋아하는 모습만을 네가 본 거지. 너를 만나고 있던 그 순간에도 그의 마음에는 다른

18

애를 향한 마음도 있었어. 다만 그게 강하게 드러나지 않았을 뿐이야. 인간이 한 사람만을 좋아하는 게 아니잖아? 그 순간에 어떤 마음이 더 강하게 표현되느냐, 혹은 어느 표현에 더 집중하느냐에 따라 착각을 하게 될 뿐이야. 결혼하더니 변했다고? 원래 그랬어. 결혼 전에 보이지 않던 모습이 이제 보이게 되는 거지. 눈에 쓰인 콩깍지가 떨어지고 나니, 감정적으로만이 아니라 이성적으로도 볼 수 있게 되는 거고. 사람이 변한 게 아니야. 사람이 그때 눈에 보이는 것만 보려 하니까, 자기 마음에 드는 것만 보려 하니까 착각을 한 거지."

사람이 변한 게 아니라, 내 눈이 변한 것이라는 말입니다. 예전에는 한 쪽만 보았는데, 이제 다른 쪽도 볼 수 있게 되었습니다. 그래서 상대방이 변했다고 생각하는 것입니다. 그만큼 나의 인식의 폭이 넓어진 것입니다. 우리 눈에 보이는 모든 현상들은 늘 변합니다. 아침부터 저녁까지 똑같은 나뭇잎이지만, 그 색깔은 천차만별입니다. 아침에 본 색깔이 진짜 나뭇잎의 색깔일까요? 아니면 한낮에 본 색깔이 진짜일까요? 아침, 한낮, 저녁에 다른 빛깔로 보이지만, 그 모든 게 다 그 나뭇잎의 색깔입니다. 내가 어느 하나를 골라 거기에 마음을 더 두고서 그것만을 그 나뭇잎의 진짜 색깔이라고 선택한 것이지요. 그러고는 그 색깔이 변할 리 없다고 믿어 버리는 것입니다.

변하는 것과 변하지 않는 것

우리는 종종 친구의 어릴 적 사진을 보면서 놀라곤 합니다. "네가 정말 이랬다고? 말도 안 돼?" 특히나 연예인들 사진은 더합니다. 얼굴 성형도 많이 하지만, 열심히 돈 들여가면서 몸을 가꾸기 때문입니다. 그게 그 사람의 밥줄이기에 좋아하는 음식도 못 먹고 굶어가면서 몸을 관리합니다. 외모가 보기 좋아진 대신, 먹고 싶은 것도 먹지 못하는 아픔을 감수해야 하는 것이지요.

모든 사람은 세월이 지남에 따라 전혀 다른 사람처럼 변해 갑니다. 그런데 우연히 거꾸로 외모가 바뀌어 가는 일도 발생할 수 있을까요? 주름진 얼굴이 시간이 지남에 따라 점점 탱탱한 피부로 바뀌어 가는 것 말입니다. 그러면서 점점 키가 작아지다가 갓난애로 가는 겁니다. 만일 그런 식으로 나이를 먹는다면 참으로 곤란한 일이 많이 생길 겁니다. 여러분의 부모님이 여러분에게 밥을 달라고 칭얼거리는 일이 생기지 않겠습니까? 그런데 이런 소재를 다룬 영화가 있습니다. 〈벤자민 버튼의 시간은 거꾸로 간다〉이지요.

1914년, 한 아이가 태어납니다. 그런데 놀랍게도 태어난 아이의 얼굴은 노인의 모습입니다. 크기는 아기인데, 얼굴은 노인처럼 주름과 검버섯투성이입니다. 더 나이를 먹으면 어찌 될까요? 조금씩 젊은 피부로 바뀌어 갑니다. 점점 나이를 먹어 장년이 되었다가, 죽을 때가 가까워지면서 어린 아이가 됩니다. 피부는 보들보들한데, 치매에 걸린 어린 아이라니? 정말 대단한 영화적 상상력이지 않습니까? 점점 시간이 흐르면서 갓난아기처럼 모습이 자라가다가(?) 마침내는 죽고 맙니다. 보통 사람들에게 태어나는 모습인 것이 그에게는 죽어가는 마지막 모습이 되고 마는 것입니다.

만일 이런 식으로 나이를 먹고 변하기도 한다면, 세상에서는 상당히 곤란한 일이 많이 벌어질 것입니다. 하지만 변화에는 법칙이 있습니다. 나이를 먹으면 누구나 똑같이 늙게 되어 있습니다. 어떤 이는 젊어지는 게 아닙니다. 변화는 우연히 제 맘대로 일어나는 것이 아니라, 일관된 법칙에 따라 일어납니다.

변하는 모든 것에는 조화와 질서를 유지하는 무언가가 있습니다. 이것을 그리스의 철학자들은 로고스(이성)라고 불렀습니다. 로고스는 세상 만물의 변화를 이끌어가고 지배하는 원리이자 법칙입니다. 그래서 서로 무관하다고 생각되는 사건들과 서로 모순되는 것처럼 보이는 이 세상의 일들이 전체적으로 조화를 이룰 수 있는 것입니다.

이 세상 만물의 변화는 우연히 제멋대로 일어나는 게 아닙니다. 로고스에 의해 지배되고 있습니다. 이 로고스가 바로 신이며 세상 만물의 변화를 이끄는 보편적 원리입니다. 인간은 세상 만물을 지배하는 영원한 지혜(로고스)를 알 수 있습니다. 이를 깨닫지 못하면 세상이 무질서하고 혼돈스러워 보입니다. 세상에서 벌어지는 일들을 보고 고뇌하거나 괴로워할 일이 아닙니다. 서로 대립하고 충돌하는 가운데서도 신(로고스)의 질서에 따라 유지되고 있기 때문입니다.

 ## 헤라클레이토스

이 세상 모든 것은 끊임없이 변한다(만물유전)

한강물은 어제나 오늘이나 변하지 않고 그대로인 것처럼 보인다. 과연 그럴까? 강물은 끊임없이 흘러간다. 매 순간 새로운 강물이다. 그래서 누구도 똑같은 강물에 두 번 들어갈 수가 없다. 강물에 발을 담그고 서 있는 순간에도 강물은 계속해서 흘러가고 있기 때문이다.

인간도 그렇다. 어려서부터 어른이 되고 늙어 죽을 때까지 그 모습이 계속 바뀐다. 커간다, 늙어간다는 말 자체가 변하고 있음을 말한다. 몸의 세포는 죽고 새롭게 태어난다. 기억과 경험도 날마다 늘어나고 잊어버린다. 어제와 똑같은 내가 아니다. 내가 변하고 있는 것이다. 그럼에도 우리는 그 사람을 계속 같은 사람이라고 생각한다.

변화는 투쟁(갈등과 대립)에 의해 일어난다

모든 것이 변하는 원인은 무엇인가? 그것은 바로 대립의 과정,
즉 투쟁이다. 투쟁은 만물의 아버지이다. 서로 갈등하는 힘들 간의
다툼이 이 세상의 변화를 이끌어 간다. 그 변화에는 질서와 원리(로
고스)가 있다.

"나는 김치찌개, 너는 김밥"이라고 서로 다른 의견을 갖고 있을
때 사실 변화와 발전이 가능해진다. 서로의 의견이 다른 것을 못 견
디고 모두가 다 똑같은 생각을 갖고 똑같은 방식이어야 한다고 주
장하면 더 이상 창조도 발전도 없다. 갈등과 대립은 불행이 아니라,
자연스러운 현상이다. 의견이 다르다고 탓할 일이 아니다.

 파르메니데스

있는 것(존재)은 있고, 없는 것(비존재)은 없다

뭔가 생겨난다는 것은 없는 것에서 있는 것이 된다는 의미다.
그렇다면 '없는 것(無)'이 먼저 있어야 한다. 즉 '없는 것(無)'이 존재
한다. 따라서 없는 데서 있는 것이 생겨나는 게 아니다. '있는 것(無)'

에서 '있는 것(有)'이 되는 것이다.

감각(눈)에 비친 현실 세계의 변화는 가상(가짜 모습)이다

눈에 보이는 변화는 무엇인가? 그것은 감각이 만들어 내는 가상(가짜 모습)에 불과하다. 감각에 비친 일시적인 현상일 뿐, 진정한 존재(실재)가 아니다. 세상 만물이 변한다는 판단은 진짜 모습(이성적 실재)과 겉모습(감각적 현상)을 구분하지 못해서 도달한 결론이다. 잘못된 지식에 불과하다.

실재(진짜 모습)는 이성을 통해서 알 수 있다

존재는 둘로 나누어진다. 감각(눈, 귀)으로 보는 현상과 이성으로 알게 되는 실재이다. 실재는 오직 이성을 통해서만 알 수 있다. 세상은 변하는 게 아니라 그냥 그런 모습으로 있는 것이다. 감각으로는 변하지 않는 실재를 알아낼 수가 없다. 감각으로 알게 된 모양을 이성으로 충분히 검토함으로써 정확한 모습(진리, 실재)을 알 수 있게 된다.

제논 (파르메니데스의 제자)의 역설

내가 과녁을 향해서 화살을 쏜다고 하자. 화살이 과녁에 도달하려면, 화살은 먼저 나와 과녁 사이의 중간 지점을 반드시 지나가야 한다. 그 중간 지점을 M이라고 하자. 화살이 중간 지점인 M에 도달하려면, 먼저 나와 M 사이의 중간 지점을 반드시 지나가야 한다. 나와 M 사이의 중간 지점을 M1이라고 하자. 화살이 내게서 중간 지점의 중간 지점인 M1에 도달하기 위해서는, 반드시 나와 M1 사이의 중간 지점인 M2를 먼저 지나가야 한다. 이런 식으로 중간 지점은 무한하게 이어진다. 어떤 사물도 무한을 통과할 수는 없다. 그렇기 때문에 결국 화살은 무한히 중간 지점을 통과하느라 과녁에는 도착하지 못한다. 내가 쏜 화살이 날아서 과녁에 도달한다는 것은 잘못된 주장이다?

성이 변하는 물고기

지구상에는 신기한 동물이나 식물들이 많습니다. 태어날 때의 성별(性)이 죽을 때까지 가는 포유류와는 달리 성장 단계나 주변 상황에 따라 성별(性)을 전환하는 물고기들도 있습니다. 놀랍지 않습니까? 성별이 바뀔 수 있다니…….

청줄청소놀래기는 큰 어류의 입과 아가미 속을 드나들며 기생충이나 먹이찌꺼기를 청소해 줍니다. 이 물고기가 바위틈에서 위아래로 오르내리며 춤추는 것을 보고 덩치 큰 물고기들이 청소를 하기 위해서 찾아옵니다. 물론 청소를 해 주다가 큰 물고기들에게 잡아먹히는 일은 일어나지 않습니다.

청줄청소놀래기는 놀랍게도 암컷에서 수컷으로 성전환을 할 수가 있습니다. 이 물고기는 수컷 한 마리가 여러 마리의 암컷을 거느리는 일부다처제 방식으로 살아갑니다. 만일 수컷이 죽거나 없어지면 서열 1위인 암컷 물고기가 종족 번식을 위해서 수컷으로 성전환을 시작합니다. 종족의 번식을 이어가기 위해서입니다.

〈니모를 찾아서〉라는 애니메이션에서 주인공으로 나왔던 흰동가리(클라운피시)도 성전환을 하는 물고기입니다. 흰동가리는 말미잘을 서식지로 삼아 가족 단위로 생활을 하는데 암컷 한 마리가 여러마리 수컷을 거느리는 일처다부제 방식입니다. 만일 암컷이 죽거나 없어지면, 남은 가족 가운데 가장 힘센 수컷이 암컷으로 성전환을 합니다.

물고기의 성이 바뀌었다지만, 거기에는 법칙이 있습니다. 종족보존을 위해서라는 것입니다. 종족 보존에 유리한 쪽으로 암컷이수컷이 되거나 수컷이 암컷이 되도록 정해져 있습니다. 그들이 갖

고 있는 유전자가 변한 게 아닙니다. 유전자에 담겨 있는 정보에 따라 변할 뿐입니다. 변하기 전과 변한 후가 본래 그의 유전자 안에 있었던 것입니다. 겉으로 드러나지 않았기 때문에 우리가 그것을 못 보았을 뿐입니다. 우리의 감각에는 변한 것으로 비치지만, 물고기는 변한 게 아닙니다. 본래 그런 종자였던 겁니다.

인간도 성이 변하는 걸까요?

예전에는 남자만 군대 갔었는데, 요즘은 여자도 군대에 갑니다. 여자의 입대가 의무인 나라도 있습니다. 요즘은 남녀평등이라며 여자들이 남자처럼 거칠게 욕을 하고, 보란 듯이 바람 피우고, 시위하듯이 담배를 피워 댑니다. 그렇게 남자가 하는 행동을 여자들이 똑같이 하기만 하면 남자가 되는 것일까요? 언행에 있어서 남녀의 구분을 없애는 것이 과연 평등일까요?

남자의 생식기를 없애고 여성 호르몬을 주입하면 겉모양은 여자처럼 보일 수 있습니다. 정말 바뀐 것일까요? 호르몬 주입을 멈추면 다시 원상태가 됩니다. 남자처럼 옷을 입고 남자처럼 행동하고 남자처럼 담배 피우고 남자처럼 군대 간다고 남자처럼 일을 한다고, 여자가 남자가 되는 것일까요?

아빠가 없으면 엄마가 아빠 역할을 합니다. 하지만 여전히 여자입니다. 엄마가 없으면 아빠가 엄마 역할을 합니다. 여전히 남자입니다. 변한 게 아닙니다. 우리의 눈을 통해 보이는 행동이나 말투나 하는 일이 달라졌을 뿐입니다. 살아가기 위해 하던 역할을 바뀐 상황에 맞게끔 변경한 것입니다. 그 본질은 변하지 않았습니다. 무슨 말, 무슨 행동, 무슨 옷을 입든 여자는 여자고 남자는 남자입니다. 타고난 유전자가 그렇습니다.

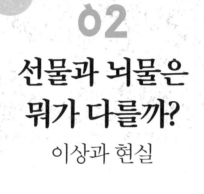

02

선물과 뇌물은
뭐가 다를까?

이상과 현실

선물을 받으면 기분이 좋다.
왜 좋은가? 선물의 가격 때문인가?
아니면 선물에 담긴 마음 때문인가?
마음만 담겼다면 싸구려라도
상관없는 것 아닌가?

누군가로부터 생각지도 않은 선물을 받으면 기분이 좋아집니다. 선물은 상대방에 대한 관심의 표현이기에 그렇습니다. 예전에는 스승의 날이 되면 선생님 책상에 쌓여 있는 선물의 양이 곧 그 선생님의 인기를 보여 주는 척도가 되곤 하였습니다.

요즘은 스승의 날이라고 해서 선생님에게 선물을 하면 뇌물로 간주합니다. 학생의 성적과 생활을 지도하는 일종의 갑의 위치에 있기에 교사에게 주는 선물은 뇌물이 될 수 있다는 겁니다. 실제로 어떤 대학에서는 수업 시간에 선생님의 교탁에 커피를 갖다 드리는 것도 성적 채점에 영향을 줄 수 있는 사항이기에 뇌물이라며 이의가 제기된 경우도 있었습니다.

도대체 뇌물과 선물의 차이가 뭘까요? 선물은 감사의 표시입니다. 뇌물도 역시 감사의 표시입니다. 다만 그 뒤에 숨은 의도가 다를 뿐입니다. 말은 감사의 표시, 혹은 그냥 인사치레라고들 하지만 실제로는 상대방의 판단이나 선택을 내 의도대로 조정해 보겠다는 것입니다. 선물을 준 것으로 끝나는 게 아니라, 그 선물을 통해 나타날 결과, 즉 '내 의도대로 행동해 줘'라는 요구가 담겨 있는 것이지요. 그래서 이런 말이 있습니다. "뇌물은 지혜로운 사람의 눈을 멀게 하고, 의로운 사람의 입술을 왜곡시킨다."

진정한 사랑이란?

갑돌이와 갑순이와 바우가 사랑에 빠졌습니다. 갑돌이와 바우는 갑순이의 마음을 사로잡기 위해 경쟁을 벌입니다. 삼각관계인 셈이지요. 두 사람의 사랑 공세를 받으면 기분이 좋기도 하겠지만, 또한 어려운 부분도 있습니다. 어느 한 쪽을 선택해야 한다는 압박감 때문이지요. 정말 둘 다 놓치기 아까운 상황이라면, 더욱 마음이 힘들겠지요.

드디어 갑순이의 생일이 다가옵니다. 생일 날 어떤 선물을 해서 갑순이의 마음을 사로잡을 것인지 고민이 많습니다. 사랑이 선물 때문에 결판난다는 게 너무 세속적인 것 같아서 조금은 떨떠름하기도 하지만, 어느 면에서는 그게 또한 현실이기도 합니다. 선물을 받으면 기분이 좋아지기 때문입니다. 왜 기분이 좋을까요? 그 선물의 가격 때문일까요? 아니면 그 선물에 담긴 마음의 진정성 때문일까요?

갑돌이는 큰맘 먹고 빨간색 소형 승용차를 장만했습니다. 생일 날 아침 새로 산 승용차를 몰고 갑순이 집으로 찾아갔습니다. 둘은 함께 새 차 시승식을 하며 멋진 드라이브와 함께 멋진 식당에서 점심을 즐겼습니다. 갑순이 집까지 데려다 준 갑돌이가 차에서 내리더니 갑순이에게 차 키를 건네 줍니다.

"너를 위한 내 선물이야."

갑순이의 가슴이 벅차오릅니다. 빨간색 소형 승용차를 몰고 싶었거든요. 어떻게 내 맘을 알았을까? 감동이 넘쳤습니다.

바우는 사랑하는 갑순이를 위해 며칠 전부터 시를 쓰기 시작했습니다. 썼다가 지우기를 반복하면서 밤을 새우다 보니 눈까지 빨갛게 충혈되었습니다. 그래도 갑순이를 향한 마음을 온전히 담아내기 위해 수십, 수백 장의 종이를 찢어가며 글을 완성해 갔습니다. 마침내 생일 날 저녁 갑순이를 만난 자리에서 바우가 고백합니다.

"너를 향한 나의 마음이야. 받아 줘."

정성스레 포장한 빨간 스카프와 함께 바우가 손수 쓴 시를 담은 편지가 선물이었습니다. 바로 그 순간 레스토랑 안에는 사랑의 세레나데가 잔잔히 울려 퍼지기 시작했습니다. 바우가 갑순이를 위해 지은 시로 만든 사랑의 노래였습니다. 간절한 사랑의 고백이 담긴 바우의 목소리가 갑순이의 귓가에 스며들었습니다.

그날 밤 갑순이는 고민에 빠졌습니다. 갑돌이의 빨간 승용차냐, 바우의 간절한 마음이냐를 두고 어찌 해야 할 것인지를 결정할 수가 없었습니다. 빨간 승용차를 선택하자니 바우의 눈동자가 어른거리고, 바우의 마음을 받아들이자니 빨간 승용차가 눈에 어른거립니다. 밤새 잠 못 이룬 갑순이가 이튿날 조언을 얻기 위해 플라톤 선생을 찾아갔습니다.

 플라톤 선생 왈,

"진짜 소중한 것은 눈에 보이지 않는 법이다. 우리 눈에 비치는 것들은 그림자에 불과해. 비싼 물건이라고 해서 그 물건에 담긴 마음도 비싼 것은 아니야. 때로는 단지 자기 이익을 위해서 얼마든지 돈을 투자할 수 있는 거지. 그건 사랑이 아니라 일종의 뇌물, 혹은 거래일 뿐이다. 그런 거래는 언젠가는 변하게 되어 있어. 잠시 우리 눈을 혹하게 할 수는 있겠지만, 영원한 것은 결코 아니야. 우리 눈에 보이는 것은 사실은 진짜가 아닌 셈이지. 진짜를 흉내 낸 모조품에 불과해. 진정한 사랑은 물건 값에 있는 게 아니라, 마음속에 있는 거야. 진정한 사랑은 값으로 환산할 수 없는 거란다. 이런 말도 있잖니? 사랑은 눈으로 말해요."

고개를 끄덕이며 나오는 갑순이 눈에 빨간색 승용차가 들어왔습니다. 하지만 저 비싼 차를 선뜻 선물할 정도라면, 거기에는 뭔가 진정성이 담겨 있는 게 아닐까 하는 마음이 자꾸 고개를 드는 겁니다. 누구나 생각의 차이가 있을 수 있으니까 다른 사람의 생각을 들어 볼 필요가 있습니다. 그래서 이번에는 아리스토텔레스 선생을 찾아갔습니다.

 아리스토텔레스 선생 왈,

"사랑은 표현되는 만큼 존재하는 것이다. 값비싼 차를 선물했다면, 그만큼 너를 위한 마음이 있었기 때문에 가능했던 것 아니겠니? 전혀 사랑하지 않는데, 사랑의 선물을 할 수 있겠어? 말을 안 해도 마음은 그게 아니라는 얘기는 그만큼 덜 사랑하고 있다는 의미야. 자기의 체면이나 자기의 기질을 버리지 않고 자기 방식대로 사랑을 표현하겠다는 것이니, 아직 자기를 못 버리고 있는 것이라고. 사랑은 내 방식대로가 아니라, 상대의 방식대로 표현해야 하는 것이지. 사랑을 보여 줄 수는 없지만 분명히 사랑하고 있다고? 그걸 어떻게 사랑이라고 할 수 있겠니? 표현하지 않은 사랑은 의미가 없다."

플라톤은 세계를 둘로 나누었습니다. 이데아계와 현상계. 우리는 다양한 모양의 삼각형을 봅니다. 이들은 모두 생긴 게 각각이지만 삼각형으로 불립니다. 이들에게는 뭔가 공통된 것이 있습니다. 그것이 바로 삼각형의 이데아입니다. 우리 눈에 보이는 세계가 바로 현상의 세계입니다. 현상=보이는 모양. 우리가 보는 삼각형들은 모두 다 삼각형의 이데아를 닮았습니다. 그래서 삼각형이라 불리는 겁니다.

실린더에 물이 50까지 차 있다고 합시다. 그 눈금을 확대해 보았습니다. 자 눈금의 어디까지가 50일까요? 더 정확히 50의 위치를 파악하기 위해 더 세밀한 눈금을 가지고 재 보면 해결될까요? 그 세밀한 눈금을 좀 더 확대해 볼 수 있습니다. 다시 똑같이 두꺼운 눈금으로 보입니다. 우리는 정확히 50이 어디까지인지를 잴 수가 없습니다. 사는 데 지장 없으니까 대충 50이라고 하고 사는 것이지 요. 하지만 우주선을 쏠 때는 얘기가 달라집니다. 몇 십만 자리까지 계산해 내야만 오차로 인한 사고를 막을 수 있으니까요.

내각의 합이 정확히 180도인 삼각형을 발견하는 것은 현상의 세 계에서는 불가능합니다. 진짜 삼각형, 즉 삼각형의 이데아는 우리 의 머릿속에서 그려 볼 수 있을 뿐입니다. 이데아의 세계는 우리의

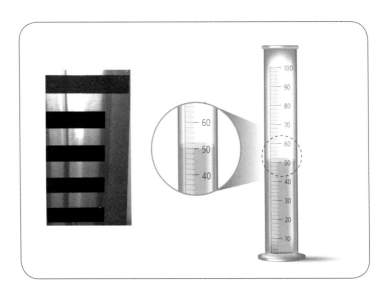

영혼(정신)이 육체를 입기 전에 살았던 세계입니다. 우리 영혼이 삼각형 비슷한 것들을 보는 순간 이데아 세계에 살던 때의 기억이 되살아나서 삼각형에 대한 지식을 알게 되는 것입니다. 이 세상에는 진짜가 없습니다. 진짜 삼각형, 진짜 사랑, ……. 다만 비슷한 모조품만이 있을 뿐입니다.

플라톤의 제자인 아리스토텔레스는 보이지 않는 이데아의 세계가 따로 존재한다는 스승의 주장을 받아들일 수 없었습니다. 그래서 이데아는 사물 속에 들어 있다고 보았습니다. 그래서 개별 사물과는 분리되어서 따로 존재하는 이데아와 구분하기 위해서 그 이름을 형상이라고 했습니다. 모든 사물은 형상(이데아)과 질료(사물의 재료)로 이루어졌습니다. 형상은 사물 속에 존재합니다. 그래서 우리가 사물을 보는 순간 그 안에 숨겨진 형상을 발견할 수 있는 것입니다.

 플라톤

이데아

"꽃은 아름답다. 그러나 아름다움은 아니다." 꽃이나 노을이나 모나리자가 아름다운 이유는 공통점이 있기 때문이다. 아름답다고 느끼게 만드는 뭔가를 갖고 있다. 아름다운 것들에 공통된 뭔가를 아름다움 자체(이데아)라고 부른다. 꽃이 시들면 아름다움은 사라진다. 아름다움이 사라진 걸까? 다른 것들에 아름다움은 여전히 남아 있다. 만일 이 세상에 있는 모든 삼각형을 다 지워 버린다면 삼각형은 사라질까? 그래도 여전히 무언가를 보고 말한다. "저건 삼각형 모양이네." 삼각형의 이데아는 사라지지 않는다.

동굴의 비유: 이데아와 현상

나면서부터 지하 동굴에 갇힌 죄수들을 상상해 보라. 그들 뒤쪽으로 불빛이 있고 그 사이에 길이 하나 있다. 길을 따라 온갖 모형물이 지나간다. 죄수들은 그들 앞쪽 벽에 비친 그 모형물들의 그림자를 보며 그게 실재하는 사물이라고 믿는다. 죄수 중 하나가 동굴밖으로 풀려난다. 그가 실제로 밖에 나가서 세상을 본다. 이제까지 토끼라고 생각한 것이 그림자였던 것이다. 그가 돌아가서 동료들에게 본 것을 설명해 준다면, 그들은 어떤 반응을 보일까?

동굴에 갇힌 죄수는 인간이다. 벽면의 그림자는 감각(눈)으로 본 세상이다. 세상이 불완전하고 자꾸 변하는 것은 이데아의 그림자에 불과하기에 그렇다.

이데아는 이성에 의해서만 파악된다

삼각형 내각의 합은 180도이다. 어떻게 알았을까? "각도기로 재 봤겠지." 각도기라는 자는 온도에 따라 그 크기가 변한다. 여름에 잰 크기와 겨울에 잰 크기가 같을 수 없다. 그 차이를 무시하고 살 뿐이다.

삼각형은 세 개의 직선으로 된 도형이다. 직선 자로 삼각형을 그린다. 직선 자를 현미경으로 보면 삐뚤빼뚤하다. 아무리 정밀가공을 해도 자꾸 확대해 보면 흠집이 보인다. 그래서 완전한 직선으로 된 삼각형을 그릴 수 없다. 단지 머릿속에서만 그려질 수 있다.

180도는 정확히 자로 재서(경험으로) 알게 된 것이 아니다. 삼각형과 비슷한 것을 보는(감각적 경험을 하는) 순간, 이성이 삼각형의 이데아를 떠올린다. 육체를 입기 전 영혼이 있었던 이데아계를 기억하는 것이다. 완전한(이데아) 삼각형은 이성으로만 알 수 있다.

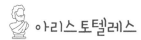 아리스토텔레스

존재는 형상(이데아)과 질료(개별 특징)의 결합이다

가구점에 가면 다양한 가구들이 널려 있다. 크기와 모양과 색깔이 다 다르다. 하지만 어떤 기준에 따라 책상과 의자와 장롱과 소파와 침대 등으로 구분된다. 책상들도 생긴 게 다양하지만, 침대나 의자가 아니라 책상이라고 불린다.

인간 정신은 사물들이 서로 다름에도 불구하고 함께 책상으로 분류하게 만드는 본질(형상)에 대해 탐구한다. 그 본질은 책상의 개별적 특징과는 별개이다. 생긴 게 달라도 본질은 같기 때문이다. 책상은 개별적인 특징들과 보편적인 본질의 결합이다. 본질은 책상 속에 있다.

모든 존재에는 목적이 있다

세상 모든 존재는 끝없이 변화한다. 변화는 질료가 새로운 다른 형상과의 결합으로 옮겨 가는 과정이다. 질료는 어떤 형상과 결합하느냐에 따라 책상도 침대도 될 수 있다. 형상은 존재가 이루어가야 할 목적이다. 인간과 사물이 존재하는 이유는 주어진 목적(형상)을 성취하기 위해서다. 그 목적의 기원은 신이다. 신은 영원하며, 질료가 없는 순순한 형상으로 존재한다. 세상 모든 존재는 신에 의해 더 높은 형상을 향해 가도록 인도되고 있다.

섹스(성관계)에 대한 기대치

성관계를 가지면 서로 더 가까워질까?

갑순이와 갑돌이는 사귄 지 100일밖에 안 되었지만, 오랫동안 알고 지냈던 것처럼 아주 친근합니다. 두 사람은 시도 때도 없이 문자 메시지를 주고받습니다. 한 번 통화를 시작하면 시간 가는 줄 모릅니다. 상대방의 몸짓만으로도 그 마음을 금방 알아챕니다.

두 사람은 손을 잡거나 가볍게 키스하는 것 이상은 하지 않습니다. 갑순이는 그 이상의 행동을 바라지 않습니다. 육체적인 접촉보다는 둘 사이의 대화가 깊어지기를 원합니다. 하지만 갑돌이는 대화만으로 만족하지 못합니다. 좀 더 성적으로 깊은 관계를 요구합니다.

갑돌이의 요구가 갑순이로서는 부담스럽고 두렵습니다. 혹시나 임신을 하게 되거나 둘 사이가 깨지는 건 아닐까? 갑돌이의 요구에 선뜻 응하기가 어렵습니다. 그렇다고 해서 그것 때문에 갑돌이를 놓치고 싶지도 않습니다. 갑순이는 속으로 이렇게 생각해 봅니다. '우리는 서로 사랑하잖아. 사랑한다면 얼마든지…….' 그 후에 과연 어떤 일이 벌어질까요?

성관계 갖기를 끝까지 거부할 경우, 갑돌이는 갑순이의 사랑을 의심하면서 실망하고 떠날까요? 아니면 갑순이의 의견을 존중해서 자기의 욕구를 접고 정서적으로 좀 더 친밀해지는 쪽을 선택할까요? 성관계를 가졌을 경우, 갑돌이는 갑순이의 사랑을 확인하고 둘은 더 친밀해질까요? 아니면, 갈 데까지 다 가서 더는 흥미를 잃고 멀어질까요?

성관계를 가질 경우, 두 사람이 어떤 변화를 겪게 될지는 미리 예측하기가 어렵습니다. 당사자들은 아마도 둘 사이의 관계가 더 좋아지고 더 친밀해지리라는 기대를 하지 않을까 싶습니다. 하지만 통계 자료에 따르면, 성관계 이후 둘 사이의 관계는 대부분 좋지 않은 쪽으로 진행이 된다고 합니다. 특히 나이가 젊을수록 그런 경향이 더 심해집니다.

여러 가지 이유가 있겠지만 그중 설득력 있는 이론 중 하나가, 남자와 여자가 갖고 있는 성관계에 대한 기대치가 다르다는 것입니다. 여자에게 성관계는 목표가 아니라 수단입니다. 성관계 이후에 도달할 목표가 있는 겁니다. 성관계를 함으로써 상대방을 더 잘 알게 되고 더 친밀해지기를 기대합니다. 그래서 성관계를 한 상대에게 더 집중하고 관심을 기울이려고 합니다. 둘 사이의 관계가 더 깊어지고 끈끈해지기를 바랍니다.

하지만 남자는 좀 성향이 다르다고 합니다.

여자는 관계 중심적인 반면, 남자는 과업 중심적이라는 겁니다. 성관계 역시 그런 경향이 영향을 줍니다. 남자에게는 성관계가 목표입니다. 일종의 과업처럼 여겨서 성관계라는 목표를 달성하기 위해서 남자는 여자에게 온갖 친절과 호의를 베푸는 것이라는 얘기지요. 그래서 마침내 성관계를 하고 나면, 더 이상 온갖 친절과 호의를 베풀며 간·쓸개 다 내놓을 일이 없어지는 겁니다. 좀 더 나쁜 경우에는 새로운 목표, 즉 다른 여자와의 성관계를 꿈꾸기 시작한다고 합니다.

섹스(성행위)는 사랑인가

"당신과 사랑을 나누고 싶어." 섹스하자는 얘기입니다. 흔히 섹스를 사랑이라 부르기도 합니다. 특히 영화에서 그런 표현이 많이 나옵니다. 여기서부터 혼란이 옵니다. 명확히 하자면, 섹스는 사랑이 아닙니다. 성욕(성기에 대한 욕구)을 충족하기 위한 행동일 따름입니다. 물론 사랑하는 사람 사이에서 일어날 수도 있습니다. 하지만 사랑하는 사람 사이에서 일어나는 경우보다는, 사랑이라고는 눈곱만큼도 없는 사람들 사이에서 일어나는 경우가 더 많을지도 모릅니다. 섹스는 사랑의 행위가 아니라, 단지 성적 욕구로 인해 발생하는 욕구해소(성취) 행위일 뿐입니다.

"사랑해. 그러니 우리 섹스 하자(사랑을 나누자)."

"뭐, 거부해! 너는 날 사랑하지 않는 거지?"

이건 말도 되지 않는 거짓 논리입니다. 욕구 충족을 위해 사랑이라는 단어로 사기를 치는 겁니다. 그러니 그 말에 흔들려서 관계를 가졌다면, 그냥 심심풀이 땅콩이 돼 준 거라 생각하면 거의 확실합니다. 성행위가 사랑이라는 관계를 유지시켜 주는 게 아닙니다. 오히려 관계의 파국을 앞당기는 경우가 더 많습니다. 아무리 열렬히 갈망하던 음식도 일단 먹고 나면, 그다음엔 시큰둥해집니다. 식욕이나 성욕이나 그 진행 과정은 동일합니다. 음식에 대한 갈망이 사랑이 아니듯이 성에 대한 갈망 역시 사랑이 아닙니다.

시장기가 돌아서 밥을 애타게 찾고, 끼니를 거르지 않는다고 해서 그걸 사랑이라고 말하지 않습니다. 그냥 식욕이 발동해서 먹는 겁니다. 개체 생존을 위해서 주어진 자연 질서일 뿐입니다. 그래서 때가 되면 먹습니다. 성욕 역시 마찬가지입니다. 아무리 섹스를 갈망하고, 열심히 섹스를 해 댄다 해도(결코 식욕만큼 해 댈 수는 없겠지만) 그걸 사랑이라고 부를 일이 아닙니다. 종족 보존을 위해서 만들어진 자연 질서에 따른 행동일 뿐입니다. 진짜 사랑은, 식욕이나 성욕과는 다른 차원인 의식(정신, 의지)에 그 뿌리를 두고 있습니다.

사랑이라는 감정

벼락 맞은 사랑. 어느 날 갑자기 고압 전기에 감염되듯이 누군가에게 빠져 버립니다. 강렬한 감정에 사로잡혀 목숨이라도 바칠 듯이 서로 매달립니다. 첫눈에 반했다. 눈에 콩깍지가 씌었다. 하늘이 내려준 운명이다. 그런데 그 강렬한 감정이 호르몬의 작용이랍니다. 시간이 흐르면 자연스레 사라집니다. 사랑이 식은 게 아니라, 감정이 제자리를 찾는 겁니다.

사랑의 감정은 모든 관계에 적용될 수 있습니다. 부자간이나 남녀 간이나 동성 간이나 형제간이나 친구 간이나 이웃 간이나 심지어는 알지 못하는 사람에게도 가능합니다. 인간과 동물 사이에도 가능합니다. 개에 대한 주인의 애정과 주인을 향한 개의 충정을 보도하는 기사들이 있습니다. 닭을 지극 정성으로 보살피는 할아버지도 있었습니다. 닭도 애인 따라다니듯 할아버지를 반기고 따랐습니다.

난을 사랑하는 사람도 있습니다. 아내가 질투할 정도로 관심을 쏟기도 합니다. 보고 만지며 전율을 느끼는 경우도 볼 수 있습니다. 역사나 민족이나 예술과 같은 것에 애정을 갖는 사람도 있습니다. 예술 작품을 보면서 가슴 설레며 눈물까지도 흘립니다.

남녀 간의 애정에는 성행위라는 것이 따릅니다. 그렇다고 해서 반드시 성행위가 포함되는 것은 아닙니다. 성행위 없이도 진실한 남녀 간의 사랑이 얼마든지 가능합니다. 부녀간에, 모자간에, 오누이 간에, 동료 간에, 친구 간에, 사제 간에 다양합니다. 사랑이 반드시 성행위로 진실성이 입증되어야 할 필요가 없는 거지요. 성행위가 사랑이어야 할 이유도 없습니다. 섹스의 이데아(목적)와 사랑의 이데아(목적)가 서로 다르기 때문입니다.

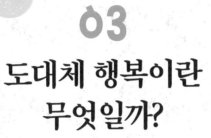

03

도대체 행복이란
무엇일까?

금욕과 쾌락

행복은 쾌락을 통해 얻어진다고 한다.
물론 배가 고프면 불행한 건 당연하다.
하지만 배가 터지도록 먹는다고 해서
그만큼 행복해지는가?

한동안 사람들 사이에 유행했던 인사말이 있습니다. "부자 되세요!" 요즘 청소년들에게 장래 희망이 뭐냐고 물어 보면, "돈 많이 버는 거요"라고 대답하는 경우가 많습니다. 왜 돈을 많이 벌고 싶을까요? 그러면 행복해질 수 있다고 믿기 때문입니다. 돈만 있으면 원하는 것을 맘껏 살 수 있고, 먹고 싶은 것도 맘껏 먹을 수 있고, 하고 싶은 것도 맘껏 할 수 있다는 겁니다. 이 말을 뒤집어 보면, 갖고 싶은 것을 마음껏 갖지 못하고, 먹고 싶은 것을 원 없이 먹지 못하고, 가고 싶은 곳을 맘대로 갈 수 없기 때문에 불행하다는 말이 됩니다.

행복은 쾌락을 통해 얻어진다고 합니다. 어떨 때 인간은 쾌락을 느낄까요? 간절히 바라고 원하던 새 핸드폰을 사게 되면 기분이 하늘을 날 것처럼 업그레이드됩니다. 인간은 욕망이 성취될 때 쾌락을 느낍니다. 욕구 충족이 만족을 줌으로써 인생이 행복해질 수 있습니다. 그러기 위해서는 가급적 많은 돈이 필요합니다. 돈만 충분하면, 기계든 옷이든 음식이든 맘껏 누릴 수 있습니다. 얼마나 행복한 인생이겠습니까?

가난해도 행복할 수 있을까?

　동유럽은 서유럽에 비해 뒤떨어져 있습니다. 동유럽 청소년들도 서유럽 청소년들처럼 멋진 옷과 새로운 전자기기를 갖고 싶어 하지만, 그럴 형편이 되지를 않습니다. 동유럽이 처한 경제 상황이 서유럽에 못 미치기 때문입니다. 그래서 할 수만 있다면, 서유럽으로 이민 가기를 바라는 청소년들이 많습니다. 그렇다면 동유럽의 청소년들은 가난한 것일까요?

　유럽과 인접한 아프리카 시골 마을에도 청소년들이 살고 있습니다. 조그마한 오두막집에서 온 가족이 함께 생활합니다. 때로는 마실 물을 구하기 위해 몇 시간을 걸어가기도 합니다. 그곳 청소년들 눈에는 가까운 도시에서 수돗물과 전기를 마음껏 사용하는 청소년들이 매우 부럽기만 합니다. 할 수만 있다면, 도시로 이사 가서 맘껏 문화 혜택을 누리며 살고 싶습니다. 아프리카의 청소년들은 가난하게 살고 있는 것일까요?

　가난하다는 말은 사는 지역에 따라, 혹은 경제적 형편에 따라, 혹은 누구와 비교하느냐에 따라 달리 사용될 수밖에 없습니다. 동유럽 청소년들은 아프리카 시골 마을의 청소년들보다 월등히 부유한 생활을 누리고 있습니다. 그럼에도 그들은 행복하지 않습니다. 서유럽의 화려한 모습이 비교 대상이기 때문입니다. 아프리카 청소년들의 눈에는 호화스럽게 보이는 삶이 동유럽 청소년들에게는 빈약한 삶으로 보이는 겁니다.

아프리카의 도시에 살고 있는 청소년들이 아프리카의 시골 마을을 방문하였을 때는 자신들이 행복한 생활을 하고 있다고 느낄지도 모릅니다. 그러나 동유럽 청소년들의 생활 모습을 언론 매체나 인터넷을 통해서 알게 되는 순간, 그들은 걷잡을 수 없는 불행의 늪으로 빠져들 것입니다.

물론 안 그런 청소년들도 있을 수 있습니다. 아프리카의 삶에 대한 자부심이 아주 강한 정신력을 소유하고 있다거나, 물질적인 조건에 흔들리지 않는 가치관을 갖고 있거나, 아프리카에서도 아주 부유한 집안이라 웬만한 서유럽 청소년들보다 더 낫게 풍요를 누리며 산다면 말입니다. 똑같은 상황에 처해 있더라도 사람마다 행복 여부가 다를 수 있습니다. 그 사람이 갖고 있는 정신세계가 어떠냐에 따라 정반대의 결론에 도달할 수도 있습니다.

 에피쿠로스 선생 왈,

"물론 배가 고프면 불행한 건 맞아. 하지만 배가 터지도록 먹어 댄다고 해서 그만큼 행복해지는 것은 아니란다. 인간의 행복은 배를 실컷 채운다거나 섹스를 맘껏 한다고 해서 얻어지는 게 아니야. 마약을 먹기 시작하면서 마약에 적응되는 거 알지? 점점 더 많이 먹어야만 즐거움에 도달하게 되고, 그래서 있는 돈 없는 돈 다 갖다 바치고, 맨 정신으로는 지내지 못하는 지경에까지 이르게 되고, 그래서 아무리 마약의 양을 늘려도 결코 행복에 도달할 수 없다는 게 누구도 피할 수 없는 결론이란다.

인간이 성취할 수 있는 것에는 한계가 있어. 사람마다 타고난 능력에 따른, 혹은 출신 배경에 따른 개인차야 어느 정도 있을 수 있겠지만, 모든 인간이 다 마찬가지야. 그렇기 때문에 욕망의 성취를 늘리기 위해 목숨을 걸기보다는 욕망의 크기를 줄이는 게 현명하고 올바른 행복의 비결인 거지. 300만 원 버는 사람이 행복해지는 길이 뭘까? 500만 원 버는 날을 꿈꾸며 열심히 노력해서 마침내 500만 원을 벌게 되면 행복해질까? 잠시는 좋을 거야, 원하는 바대로 성취했다는 감격에 겨워서.

그런데 그 행복이 얼마나 갈까? 금방 1,000만 원 버는 인간이 눈에 들어오기 시작할 거거든. 그러면 그 즉시 불행해지기 시작하는 거지. 그러면 다시 어찌어찌 노력해서 드디어 1,000만 원을 벌게 되면 이번에는 진짜 행복해질까? 아니지. 그다음에는 곧 1억 버는 인간이 눈에 들어오면서 다시 불행지기를 반복하는 거란다. 그러니 올바른 길은 내가 벌 수 있는, 혹은 벌고 있는 300만 원을 목표로 삼는 거야.

그것으로 내가 할 수 있는 것을 누리면서 행복해 하는 거지. 좀 더 행복해지고 싶으면 250만 원이 목표라고 여겨 봐. 아무것도 안 해도 금방 성취감에 감격이 느껴질 거야. 굳이 500만 원 벌기 위해 진을 빼느라 고생하지 않고도 똑같은 감격을 맛볼 수 있거든. 성취감이 주는 감격은 그게 300만 원이든 500만 원이든 1억 원이든 그 양의 크기와 연관되는 게 아니야. 내가 얼마를 목표로 했느냐에 연관되는 것이지. 식욕과 성욕을 만족시키는 데는 그렇게 큰돈이 필요하지 않아. 그러니 적당한 선에서 식욕과 성욕을 만족시키면서 250만 원 가지고 할 수 있는 일들을 찾아 누리는 게 바로 행복에 이르는 올바른 길이야."

 제논 선생 왈,

"불행의 원인이 뭘까? 그건 바로 욕구야. 사람은 자기 욕구가 채워지지 않아서 괴로워하지 않니? 너도 경험해 봤잖아. 사실 욕구를 없애 버리면 괴로울 일도 없어. 왜 나는 키가 작지, 왜 나는 최신 핸드폰이 없지? 키가 작은 게 문제가 아니라, 키가 커야 한다는 욕구가 문제인 거야. 키가 커지면, 최신 핸드폰이 생기면 행복해질까? 욕구가 채워지는 순간 또 다른 욕구가 생겨나잖아. 인간이 모든 욕구를 충분히 채운다는 것은 불가능한 일이야. 인간은 늘 아직 채우지 못한 많은 욕구 때문에 마음이 흔들리고 초조해지고 조바심을 내며 살지. 내가 할 수 있는 것과 할 수 없는 것을 구분할 줄 알아야

해. 할 수 있는 것은 하면 되고, 할 수 없는 것은 내려놓는 거야. 신의 뜻으로 알고 말이다.

연극배우는 자기에게 맡겨진 연기에 충실함으로써 행복해질 수 있어. 신하 역을 맡은 배우가 왜 나는 왕자 역이 아니냐며, 연극 공연 중에 왕자 행세를 하려고 애를 쓰는 순간, 그 배우는 불행해지는 거야. 살다 보면 때로는 누군가가 내게 욕설을 퍼붓고 나를 때리는 일이 일어날 수도 있어. 하지만 그 일이 반드시 네게 모욕적이고 너를 불행하게 만드는 것이라는 법은 없어. 연극 중에 맞는 역할을 했다고 해서 배우가 모욕을 느끼고 불행해질 필요가 있을까? 연극일 뿐이야. 연극이 끝나면 그만인 거지. 사람을 고통스럽게 하는 것은 내게 닥친 어떤 사건이 아니라, 그 사건에 대한 나의 생각, 즉 반응이야. 그 일이 내게 생겨서는 안 될 일이라고 받아들이는 순간, 헤어날 수 없는 고통과 절망에 빠지게 돼. 하지만 그게 내게 부여된 역할 중 일부였다고 여기면(사실 그렇다. 신이 네게 맡긴 배역이니까), 그걸 깨달으면 얼마든지 감당할 수 있는 거다. 멋지게 배역을 잘 감당해 내면 되는 거니까.

그러니 젊은 나이에 병에 걸렸다고 슬퍼할 이유도 없는 거지. 단지 맡겨진 배역이 그럴 뿐이니까. 인생은 신이 연출하는 연극에 불과해. 그걸 알아야지. 감독인 신의 뜻이 무엇인지 거기에 주목해라. 그리고 받아들여라. 만일 예기치 못한 재난으로 인해 불행해진 사람이 있다면, 그의 불행은 운명(신의 섭리)이 만들어 준 것이 아니라, 그 재난 때문에 불행하다고 생각하는 그의 판단이 만들어 낸 것이다."

 에피쿠로스철학

신과 세계는 원자(물질)로 구성되어 있다

세계는 규칙적으로 움직이는 원자(쪼갤 수 없는 작은 알갱이)들로 이루어졌다. 어떤 원자들이 종종 일탈을 해서 세상에 변화가 생긴다. 신과 영혼도 원자로 되어 있다. 따라서 세계에는 목적도 없고 벌을 주는 신도 없다. 죽음도 두려워할 이유가 없다. 죽기 전에는 아직 우리가 죽지 않았으며, 죽음이 왔을 때는 이미 우리가 죽었기 때문이다.

쾌락이 선악의 기준이다

누구나 쾌락을 원하며 고통을 피하고 싶어 한다. 쾌락이 없다면, 무슨 의미가 있겠는가? 원자들의 무의미한 충돌로 우연히 생겼기에 목적도 이유도 없는데 말이다. 그래서 인간은 쾌락을 쫓아간다. 쾌락이 선악의 기준이며 삶의 목표인 셈이다. 삶의 목표로서 쾌락은 방탕한 생활이나 성적인 쾌락이 아니다. 그런 행동은 도리어 고통을 가져다주기 때문이다. 진정한 쾌락은 지속적이고 평온한 마음 상태(아타락시아)이다.

쾌락을 늘릴수록 줄어든다(쾌락체감의 법칙)

지나친 욕망의 추구는 반드시 고통을 준다. 쾌락이 고통으로 바뀌기 때문이다. 배가 고프면 고통스럽다. 그래서 음식을 먹으면 기분이 좋아진다. 하지만 계속 먹다 보면 어느덧 즐거움이 사라진다. 너무 배가 불러서 도리어 괴로운 상황으로 바뀌게 된다.

행복하기 위해서는 약간 부족하다 싶을 때 먹기를 멈추는 절제의 미덕이 필요하다. 그래야만 지속적인 쾌락(마음의 평온)을 유지할 수 있다. 육체의 욕구를 무한정 채움으로써 행복(지속적인 쾌락)을 얻으려는 시도는 어리석은 일이다. 육체의 욕망을 절제하고, 철학 공부로 정신적 만족을 누리며, 뜻이 맞는 친구들과 좋은 관계를 유지하는 삶을 추구하라.

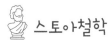 스토아철학

모든 사고는 인상(감각)에서 비롯된다

종이에 도장을 찍으면 그 자국이 남듯이, 사물은 감각을 통해서 인간의 정신에 인상(경험)을 남긴다. 이 인상들이 모여서 지식이 된다. 인상에는 두 종류가 있다. 외부에서 들어오는 인상과 내부에서 생기는 인상(감정 등)이 있다.

질서와 법칙이 신이다

변화에는 어떤 질서와 법칙이 있다. 우연히 발생하는 것은 없다. 모든 게 법칙(이성적 원리)에 따라 움직인다. 세계를 통제하고, 그 과정을 결정하는 원리(이성)가 바로 신이다. 인간은 그 질서와 법칙에 복종해야 한다. 내게 주어진 것은 무엇이든 우연히 주어진 게 아니다. 신의 뜻(질서와 법칙)에 따른 것이다. 이 세계는 신의 연극 무대인 셈이다. 내 배역은 신이 정한 것이다. 왜 그런 배역이냐고 따지는 것은 무의미한 일이다. 맡겨진 역할을 잘 수행하면 그뿐이다. 누가 더 잘나고 더 못나고도 없는 것이다.

신의 뜻을 받아들이라

모든 사건은 신의 뜻에 따른 것이다. 따라서 내 의도대로 진행되기를 기대하지 말라. 질서와 법칙(신의 뜻)에 따라 진행되기를 바람으로써 행복해질 수 있다. 이미 발생한 사건에 따라 감정적으로 반응할 게 아니다. 내일 지구의 종말이 올지라도 개의치 말라. 신의 뜻이니 내게 주어진 일을 계속 하라. 기차는 철길(신의 뜻) 위로 달릴 때

자유롭다. 기찻길을 벗어나 내 멋대로 가려는 순간, 위험해지고 부자유스러워진다.

행복은 부동심(흔들리지 않는 마음)이다

누구도 죽음을 피할 수는 없다. 하지만 죽음에 대한 두려움(죽지 않기를 바람)은 피할 수 있다. 사건의 발생을 선택할 수는 없지만, 그 사건에 대한 태도(감정)는 선택할 수 있다. 우주의 질서(신)에 순종하여, 일어난 사건에 대해 감정적으로 무관심한 것(아파테이아/부동심)이 지혜로운 처신이다. 그러기 위해서는 욕망에 대해 무감각해져라.

가지고 있는 것에 주의를 기울여라

어려운 형편 가운데서 살아가는 청소년들 중에는 자신을 무가치하고 열등한 존재로 여기는 경우도 있습니다. 그래서 술이나 담배나 섹스나 마약으로 현실을 잊음으로써 열등감을 해소하려 합니다. 하지만 그런 식으로 도피할수록, 문제는 더 악화되게 마련입니다. 몸과 마음에 손상을 줌으로써 점점 더 회복하기 힘든 처지로 내몰립니다.

"도저히 가난에서 벗어날 방법이 없다고 느꼈지만, 그래도 돈을 많이 벌기 위해서 폭력 조직에 들어가거나 도둑질하는 것은 좋은 생각이 아니라는 걸 알았어요. 내 또래들 중에서 그렇게 한 애들은 지금 아무 희망도 없는 낙오자가 되었거나 술과 마약에 빠져 살거나 교도소에 들어가 있어요.”(흑인 빈민가 출신의 미국인)

어쩌면 술이나 담배나 섹스나 마약을 통해 피할 길을 찾으려 하지는 않을지라도 자신의 처지가 나아질 길이 없다며 절망스럽게 생각하고 있을지도 모릅니다. 정말 나아질 방법도 희망도 없는 걸까요?

언제든 누구나 할 수 있는 정말 중요하고도 확실한 일 한 가지가 있습니다. 그것은 내게 없는 것을 붙들고 푸념하기를 그만두고, 내가 가지고 있는 것을 찾아내어서 거기에 초점을 맞추는 것입니다. 돈만이 가치 있는 게 아닙니다. 나를 믿어 주는 누군가(가족, 친구, 교사, 이웃, 종교 등등)가 있다거나, 내가 잘할 수 있는 어떤 무언가(그림, 노래, 운동, 웃기기 등등)가 있다거나, 아니면 내가 꼭 하고 싶은 일, 즉 삶의 목표가 있다거나 하는 것들은 분명히 돈보다 더 값진 것들입니다.

전혀 남의 도움을 받지 않으면서도 할 수 있는 또 다른 한 가지는, 내가 지금 가지고 있는 것에 대한 시각을 바꾸는 것입니다. 내가 처한 환경을 보다 긍정적인 관점에서 해석하고 받아들이는 것입니다. 물론 현재 살고 있는 집이 허름하고 입은 옷도 낡아서 볼품없어 보일 수도 있습니다. 심지어는 해진 옷을 입거나 기워서 입고 있을 수도 있습니다. 먹는 음식도 매일 똑같은 것만 먹어야 하는 상황일 수도 있습니다. 하지만 분명한 것은, 내가 행복해지는 데 있어서 멋진 옷이나 고급 주택이 반드시 있어야만 하는 건 아니라는 사실입니다. 우리 신체의 건강 유지를 위해서 반드시 일류 호텔 요리여야 할 필요가 없는 것처럼 말입니다.

아프리카의 시골에 있는 가난한 가정에서 자라나 번듯한 가게의 사장이 된 한 남자가 이렇게 말했습니다. "우리 집은 생활비가 너무나 빠듯했기 때문에 우리 형제들이 원하는 걸 다 가질 수는 없었어요. 우리는 그 사실을 있는 그대로 받아들였죠." 그는 청소년 시절에 학교에 입고 다니는 바지가 닳아서 떨어지면 어머니가 몇 번이고 기워 주셨던 기억을 떠올렸습니다. "때로는 놀림을 당하기도 했어요. 하지만 중요한 건 우리 옷이 나름 깨끗했고 입고 다니는 데에 아무런 문제가 없었다는 거죠."

04

닭이 먼저일까,
달걀이 먼저일까?

보편과 개체

닭이 있어야 달걀이 생긴다.
달걀이 없이 닭이 생길 수 있는가?
어느 것이 먼저 있었던 것일까?

닭이 먼저일까요? 아니면 달걀이 먼저일까요? 이 문제에 대한 언급은 그리스 시대까지 올라간다고 합니다. 그러니 참으로 오래 전부터 사람들이 고민해 온 문제였던 셈입니다. 암탉이 있어야 달걀을 낳습니다. 닭은 달걀이 부화해서 생겨납니다. 어느 쪽이 먼저 있어야 할까요? 다시 말해서 닭과 달걀 중 어느 것이 원인이고 어느 것이 결과냐는 질문입니다.

"닭이 먼저냐, 달걀이 먼저냐"는 질문은 실제로 닭이 먼저 있었는지, 달걀이 먼저 있었는지를 알고 싶어서 한 게 아닙니다. 어떤 것이 원인이고 어떤 것이 결과인지를 판단하기 어려운 경우를 말하는 과정에서 꺼낸 질문입니다. 원인과 결과가 서로 맞물려서 순환하는 딜레마적 상황에 대한 표현인 것입니다.

제시한 그림을 볼까요. 하나하나 뜯어 보면 생긴 모양이나 털 색깔이 다양합니다. 귀의 생김새만 보더라도 빳빳이 서 있는 것, 축 처져 있는 것, 긴 것, 짧은 것 등 모두가 다 제각각입니다. 그럼에도

뭔가 비슷하다는 느낌을 줍니다. 이들은 모두 토끼입니다. 이들이 무엇이냐고 질문하면 생긴 게 서로 조금씩 다른데도 토끼라고 부릅니다. 비슷하기 때문이라고요? 개도 토끼와 비슷합니다. 말미잘이나 개구리와 비교해 볼 때 개와 토끼는 서로 아주 비슷합니다. 이들은 아주 많이 비슷하다고요? 도대체 어느 정도 비슷해야 토끼라 부를 수 있는 것일까요?

이들은 서로 다른 개체(개별자)들입니다. 그런데 이들에게는 토끼라고 부를 수 있게 하는 무언가 공통점이 있습니다. 그것을 본질(보편자)이라고 합니다. 서로 다른 개별자를 한 종류로 만드는 보편자가 실제로 있는 걸까요? 있다면, 어디에 있는 것일까요?

보편자와 개별자

네 가지의 도형 가운데 나머지와 다른 것은 무엇인가요? 보기에는 날카롭고 뾰족하다는 점에서 3과 4가 더 가까워 보이기도 합니다. 하지만 당연히 4번이 다르다고 말합니다. 그렇게 말할 수 있는 근거가 무엇일까요? 4를 나머지 셋과 다르게 하는 것……. 사실 생긴 것으로 보면 넷이 모두 조금씩 다 다릅니다. 그럼에도 나머지 셋을 하나로 묶어 주는 뭔가가 있습니다. 세 개의 직선으로 이루어

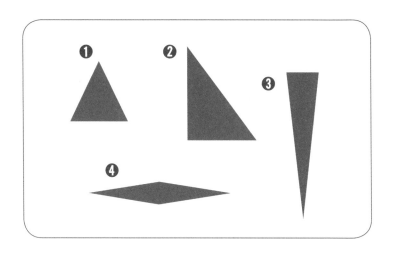

진 도형(각이 세 개인 도형)이라는 것입니다. 아무리 모양이 다양하게 변해도 그 속성을 잃지 않는 한 여전히 그것은 삼각형입니다. 그게 보편자입니다. 보편자는 개별자들을 분류하는 기준이 됩니다.

 윌리엄 오컴 왈,

"보편자라는 것은 머릿속에만 있는 거야. 사물의 여러 가지 모양을 보고서 그중 비슷한 것들만을 모아서 그것들이 가지고 있는 공통점을 생각해 낸 거지. 흰색과 회색과 검은색이 따로 존재하는 게 아니다. 여러 가지의 다양한 색깔들이 있는데, 그중 비슷한 것들끼리 모아서 이름을 붙인 것이지. 따라서 회색이라는 것이 따로 존재하는 게 아니라, 어떤 개별적인 색깔들을 서로 분류하기 위해서 인

간의 정신이 생각해 낸 이름일 뿐이야.

　그림을 봐! 어디까지가 흰색이고 어디까지가 검은 색인지 명확하게 알 수 있겠나? 또 회색의 경계는 어디까지이지? 아마도 사람마다 그 경계가 조금씩 다 다를 거야. 왜냐하면 색깔을 보면서 서로 비슷하다고 하는 기준이 사람마다 다를 수밖에 없잖아. 심지어는 나 자신도 자꾸 쳐다보다 보면 어디까지 흰색이라고 해야 할지 그 경계선이 왔다 갔다 하는 것을 경험하게 되잖아. 게다가 색의 변화 단계를 보다 더 세밀하게 나누어 봐, 더욱 더 힘들어지지."

　안셀무스 왈,

　"아무리 모양이 다양하게 변하더라도 삼각형은 삼각형이지 사각형이 될 수는 없어. 개별적인 삼각형의 모양은 무한하게 많이 존재할 수가 있지. 아주 모양 좋게 위아래와 좌우가 균형 잡힌 삼각형을 그릴 수도 있지만, 한쪽은 아주 무겁게 느껴지는 직각삼각형을 그릴 수도 있어. 때로는 이게 삼각형인지 뭔지 모를 정도로 거의 직선처럼 그릴 수도 있는 거고. 예를 들어 밑변이 10km이고, 높이가 1mm인 삼각형을 그렸다고 해 봐. 이건 말이야, 아무리 우리 인간의 눈으로는 세밀하게 쳐다보더라도 직선이지 삼각형이 아니야. 10km를 걸어가야 1mm 벌어지는 두 직선을 생각해 보라고. 하지만 아무리 그 모양이 전혀 삼각형 같지 않아 보여도 삼각형임을 부정할 수가 없잖아. 만일 보편자가 없다면, 어떻게 개별적인 사물들을 분류할 수가 있겠어. 뭔가 다르다고 느낀다는 것은 다르다고 느끼게 하는 기준으로서 보편자가 먼저 존재해야만 하는 것이지."

핀치 새의 변이

찰스 다윈에게 해군 함정 비글호를 타고 탐사여행을 할 수 있는 기회가 주어졌습니다. 갈라파고스 군도에 도착한 다윈은 그곳의 여러 섬을 돌아보며 거기 사는 생물들을 관찰하였습니다. 그가 처음 보는 생물도 많이 있었습니다. 거기 살고 있는 새들의 모습도 관찰하였습니다. 그가 관찰한 새들이 서로 다른 부리 모양을 갖고 있었지만, 사실은 같은 핀치 새라는 사실도 알게 되었습니다.

같은 새의 부리 모양이 왜 섬마다 다를까요? 곤충을 잡아먹는 핀치 새의 부리는 짧고 단단했습니다. 반면에 바위 속 벌레를 잡아먹는 핀치 새의 부리는 길고 가늘었습니다. 씨앗을 먹는 핀치 새의 부리는 두꺼웠습니다. 다윈은 이 새들이 원래는 한 종류였지만, 먹이에 따라 부리 모양이 변해 가면서 생존 경쟁에서 살아남았다는 가설을 세웠습니다.

그 핀치 새의 부리가 원래부터 달랐던 것이 아니라는 것입니다. 새의 조상은 같았지만, 각각 섬에 흩어져 살다 보니, 각자의 환경에서 살아남는 데 유리하도록 부리 모양이 조금씩 변했을 것이라고 추측한 것입니다.

다윈은 이때부터 서로 다른 자연 환경에서 변이가 일어나게 하는 원인과 가능성에 대해 연구하기 시작하였습니다. 다윈은 동물 사육업자들이나 꽃 재배업자들이 인공적으로 품종을 개량하는 것을 보았습니다. 만일 자연에서도 그런 식으로 품종 개량이 이루어진다면, 그리고 그런 개량이 조금씩 누적되어 간다면, 전혀 다른 새로운 종으로 변할 수도 있겠다는 생각을 합니다.

그때쯤 말레이시아에 있던 월리스라는 사람이 자신이 쓴 논문과 편지를 영국에 있는 다윈에게 보냈습니다. 그는 말레이시아에 있었기에 영국에서 열리는 학회에 참석할 수가 없었습니다. 그래서 자기 논문을 린네학회에 대신 제출해 달라고 다윈에게 부탁을 한 것입니다. 그의 논문 제목은 〈원형으로부터 무한정 멀어지려는 경향성에 관하여〉였습니다.

논문을 읽어 본 다윈은 깜짝 놀랐습니다. 자신이 생각하고 있던 것과 월리스의 이론이 너무나 흡사했기 때문입니다. 그런데 자신의 이론은 아직 미완성으로 논문 계획서 수준이었습니다. 그래서 친구인 라이엘에게 상의를 했습니다. 그러자 라이엘이 그 논문을 다윈과 월리스의 공동논문이라며 대신 발표하였습니다. 물론 다윈은 학회에 참석하지 않았습니다. 그 뒤 다윈은 연구와 집필을 서둘러서 이듬해에《종의 기원》을 출간하였습니다.

그 뒤 피터 그랜트와 로즈메리 그랜트가 갈라파고스 군도에서 핀치 새에 대한 연구를 시작하였습니다. 섬에 가뭄이 들면서 작고 부드러운 씨앗을 가진 식물들이 말라죽었습니다. 섬에는 딱딱한 목질조직을 깨야만 먹을 수 있는 씨앗들만이 남았습니다. 그래서

목질조직을 깰 수 있는 큰 부리와 강력한 근육을 가진 핀치 새들이 생존에 유리해졌습니다.

그래서 핀치 새의 부리와 몸 크기가 평균적으로 증가하게 되었습니다. 이런 현상은 가뭄이 해결될 때까지 이어졌습니다. 가뭄 이후에

태어난 새와 그 이전에 태어난 새의 부리 크기를 비교해 보았습니다. 가뭄 이후에 태어난 새는 가뭄에서 살아남을 수 있었던 새처럼 큰 부리를 갖고 있었습니다. 한 세대에서 다음 세대로 이어지는 동안 자연선택에 의한 변화가 일어난 것입니다.

유전자

다윈이 관찰했던 핀치 새의 부리가 환경에 따라 커졌다 작아졌다 굵어졌다 했습니다. 하지만 여전히 새의 부리였지 사람의 입술로 바뀌지는 않았습니다. 아무리 환경에 따라 변한다 해도 핀치 새로서의 유전자는 바뀌지 않습니다. 태어날 때부터 그 유전자에 담겨 있던 정보(능력)에 따라 새롭게 변한 환경에 적응해 가는 것뿐입니다. 풍선을 아무리 여러 모양으로 변형시켜도 여전히 풍선입니다. 주변 압력에 따라 다양하게 풍선이 변하면서 적응하지만, 어느 한계를 넘으면 뻥 터져 버리고 맙니다. 아무리 오랜 세월이 지나도 풍선이 막대사탕이 되거나 축구공이 되지는 않습니다.

사람의 머리뼈 모양도 다양하게 변할 수 있습니다. 이마가 앞으로 나오거나 뒤로 튀어나오거나, 턱이 나오거나 코가 높거나, 머리가 크거나 작거나 길쭉하거나 동그랗거나, 생쥐를 닮았거나 원숭이를 닮았거나 호랑이를 닮았거나 얼마든지 다양한 모양으로 변할수가 있습니다. 하지만 여전히 사람의 머리입니다. 보편자라는 것은 잘 보이지도 않고 정확하게 규정하기도 쉽지 않습니다. 하지만잘 모른다고 실재하지 않는 것은 아닙니다.

원숭이를 아무리 오랫동안 사람과 함께 길러도 여전히 원숭이일뿐입니다. 사람의 말을 하고 사람의 두뇌처럼 사고하지는 못합니다. 하지만 사람이 어려서부터 늑대와 살아서 늑대처럼 말하고 행동하더라도 사람 사회에 데려오면 어느덧 사람의 말과 행동과 사고를 배웁니다. 사람과 원숭이와 늑대를 구분 짓는 유전자가 다르기 때문입니다. 보이지 않는 유전자, 그 유전자에 담긴 정보가 인간과 원숭이와 늑대를 가르고 있는 것입니다. 설사 둘이 비슷한 겉모양을 갖추게 되는 경우가 있다 하더라도, 유전자는 그들이 서로 같지 않음을 분명하게 구분하고 있는 것입니다.

 실재론

보편자는 실재한다

서로 다른 모양의 토끼들이 토끼라고 분류되는 것은, 서로 다른개체이지만 무언가 동일한 것을 포함하고 있기 때문이다. 또한 인간의 정신은 서로 다른 토끼들에게서 동일한 무언가(보편자)를 발견하기 때문에 그들을 모두 토끼라고 생각한다. 한 종에 속하는 모든 개체 속에 포함된 보편적인 무엇(보편자)은 존재한다. 만일 보편자가 실재하지 않는다면, 분류하는 것이 어떻게 가능하겠는가?

보편자는 개별자 속에 있으며, 개별자보다 앞서 존재한다

개별적인 사물이 구체적으로 존재하기에 앞서서 그것들은 무언가에 의해 규정되어 있다. 즉 자기의 본질(유전자)을 갖고 특정하게(토끼, 인간 등으로) 생겨난다. 그래서 개별자가 있기 전에 보편자가 앞서 존재해야 한다. '인간'이나 '토끼'나 '늑대'라는 보편적인 뭔가가 먼저 있고, 이것에 따라 개별적인 사물들이 생겨나게 된다. 그 보편자의 기원은 신에게 있다. 따라서 사물의 본질을 드러내는 진리의 기원도 신에게 있다.

 유명론

보편자란 이름에 불과하다

자연 세계에는 개별적인 사물만이 존재한다. 그것들을 하나로 묶는 본질은 실재하는 사물이 아니다. 본질이라는 보편자는 인간의 정신이 만들어 낸 개념(이름)일 뿐이다. 빨간 사과와 빨간 토마토는 빨강이라는 색을 공유한다. 다만 색깔이 유사해 보일 뿐, 전혀 다른 사물이다. 빨강이라는 보편자는 비슷한 것끼리 묶기 위해서 붙여진 이름일 뿐이다. 자동차 바퀴, 원반, 접시, 해에 있는 둥근 것도 서로 비슷할 뿐이다. 둥근 사물들이 공유하는 보편적 본질로서의 원이 따로 실재하는 것은 아니다.

보편은 개별 사물보다 뒤에 있다

실제로 존재하는 것은 개별적인 사물이다. 이 개별자들은 여러 특징을 갖고 있다. 색깔이나 모양이나 촉감이나 냄새 등이 서로 다르다. 이것들을 서로 비슷한 것들끼리 분류해 볼 수 있다. 이런 분류 과정에서 보편자라는 것이 생겨난다. 보편자가 개별자보다 먼저 존재할 수는 없다.

태아도 인간인가

흑인은 사람이 아니다. 왜? 피부가 검으니까.
유대인은 사람이 아니다. 왜? 진화가 덜 되었으니까.
여자는 사람이 아니다. 왜? 남자가 아니니까.

아이는 사람이 아니다. 왜? 아직 어른이 아니니까.

태아는 사람이 아니다. 왜? 아직 태어나지 않았으니까.

장애인은 사람이 아니다. 왜? 기능에 장애가 있으니까.

당신은 이 주장에 동의하시나요? 아니면 이 중에 일부에만 동의하시나요? 요즘 페미니스트들 중에는 태아가 사람이 아니라, 여자의 소유(몸의 일부)라고 주장하는 사람들이 있습니다. 그렇다면 그렇게 주장하는 그 여자도 한때는 사람이 아니었습니다. 노예도 사람이 아니었습니다. 흑인도 사람이 아니었습니다. 유대인도 사람이 아니었습니다.

그들은 모두 어떤 이유에서건 간에 인간 수준에 좀 못 미치는 존재들로 여겨졌습니다. 그래서 누군가에 의해 사고팔리거나, 때로는 누군가의 행복을 위해서 죽임을 당할 수도 있는 소유물이었습니다. 그리고 누군가는 그렇게 하는 것을 자기의 권리라고 말할 수도 있었습니다. 도대체 그들이 사람인지 아닌지를 판단하는 권리가 누구에게 있다는 것일까요? 남자? 주인? 백인? 독일인?

난자는 여자 몸의 일부입니다. 하지만 난자가 정자와 결합하는 순간 그 유전자가 달라집니다. 그래서 난자와 정자가 결합한 배아는 여자와 다른 유전자를 갖고 있습니다. 배아는 유전자가 다른 독립된 개체라는 말입니다. 다만 아직 홀로 생존할 수 없는 처지라서 여자의 몸(자궁)을 잠시 빌리고 있는 세입자일 뿐입니다.

노예는 먹여 살리는 주인의 것이기에 주인 맘대로 해도 된다는 논리에 동의하는 것이 아니라면, 아내는 먹여 살리는 가장인 남편의 것이기에 남편 맘대로 해도 된다는 논리에 동의하는 것이 아니라면, 태아는 먹여 살리는 여자의 것이니 여자 맘대로 하겠다는 주장은 성립할 수 없는 것입니다.

인간이냐 아니냐의 기준은 유전자에 근거합니다. 친자 여부를 판정하는 유전자 검사도 유전자에 근거하듯이 말입니다. 지능이 낮아서 영리한 동물 수준도 안 될 것 같은 장애를 가졌을지라도 우리는 그를 사람으로 인정합니다. 교통사고로 몸을 다쳐서 사람으로서의 기능을 제대로 수행하지 못할 정도가 되어도 여전히 사람으로 인정합니다. 늙어서 더 이상 거동도 할 수 없는 식물인간의 상황에 처하더라도 여전히 그는 사람입니다. 어떤 약물 부작용이나 화재나 사고로 인해 외모가 괴물처럼 바뀌었을지라도 여전히 그는 사람입니다. 왜 그런가요? 그의 유전자가 사람 유전자이기 때문입니다. 사람이 사람인 것은 다른 이유가 없습니다. 단지 사람의 유전자를 가지고 있기 때문입니다.

진리라는 게 어떻게 있을 수 있는가

"보편자는 단순히 인간의 정신이 만들어 낸 것으로서 이름(개념)에 불과하다. 실재하는 것은 개별 사물이지, 보편자가 아니다."

그렇다면 윤리나 과학에서 말하는 보편자(인간다움/도덕, 자연법칙 등)역시 인간이 만들어 낸 이름에 불과하며 실재하는 것이 아닌 게 됩니다. 보편자라는 진리는 인간의 머리에서 만든 것에 불과하기 때문입니다. 그렇다면 중력이라는 자연법칙의 진리성은 어떻게 되는 걸까요? 사과가 떨어지는 것과 바위가 떨어지는 것은 중력 때문입니다. 사과가 떨어지는 것과 바위가 떨어지는 것이 공유하고 있는 중력이라는 보편자가 없다면, 사과와 바위가 떨어진다는 중력의 법칙은 어떻게 진리임(항상 그럴 것임)을 보장받을 수가 있을까요?

우리 사회의 보편적 윤리라는 것이 단순히 인간이 여러 문명의 규칙들을 모아서 공통점을 찾아낸 것에 불과하다면, 굳이 그 윤리가 누구에게나 보편적으로 지켜져야(진리이어야) 할 이유가 있을까요? 그 윤리를 지키는 것이 사회에 유익을 주니까 지켜야 한다고 말할 수도 있습니다. 그런데 왜 내가 사회 유익을 지켜야 하는 걸까요? 사회야 어찌 되든 나만 이익을 보면 되는 것 아닌가요?

보편적 윤리라는 것이 여러 종류의 윤리 규범들을 모아서 공통점을 추출한 것에 불과하다는 말은, 언제든 새로운 규범을 만들어 내는 순간 보편적 윤리라는 것도 달라진다는 뜻입니다. 그렇다면 히틀러의 윤리 규범과 서구 사회의 윤리 규범 중 누가 더 옳다는 것을 어찌 알 수 있겠습니까? 히틀러가 제2차 세계대전에서 이겼더라면, 히틀러의 윤리 규범이 옳은 것이 되었을 터인데…….

05

내 눈에 보이는 건
모두 사실일까?

이성과 경험

우리 눈은 기찻길이 저 멀리에서 만나는 것을 본다.
하지만 우리는 기찻길이 만나지 않는다고 생각한다.
내 눈과 내 생각 중 어느 걸 믿어야 하는 걸까?

우리는 눈과 귀와 코 등의 감각 기관을 통해서 세상을 인식합니다. 눈으로 사물을 보고, 귀로 소리를 듣고, 코로 냄새를 맡아서 우리가 마주하고 있는 사물의 정체를 알게 되지요. 뿐만 아니라 우리는 생각을 합니다. 죽으면 인간은 어떻게 되는가? 하늘은 왜 푸른 색일까? 두 사람의 증인 중 누구의 말이 거짓인가? 논리적인 생각을 통해서 우리는 올바른 결론에 도달하려고 노력합니다.

우리 눈은 기찻길이 저 멀리에서 서로 만나는 것을 봅니다. 기찻길은 만날까요? 기찻길은 기차가 다니는 길입니다. 기차의 바퀴 폭은 일정하며 변하지 않습니다. 만일 기찻길이 저 멀리에서 만나게 된다면, 기차는 앞으로 갈 수가 없을 것입니다. 따라서 기찻길은 만나서는 안 된다고 생각을 합니다. 내 눈과 내 생각 중 어느 걸 믿어야 하는 걸까요?

왜 기찻길이 만나는 것처럼 보이는 것일까요? 우리의 이성은 멀리 있는 물체일수록 작게 보인다는 원근의 법칙을 떠올립니다. 그래서 눈이라는 감각 기관에는 멀리 있는 두 물체가 붙어 있는 것처럼 보이지만, 사실은 붙어 있는 게 아니라 둘 사이의 간격이 작아서 그렇게 보일 뿐이라고 결론을 내립니다. 겉으로 드러난 현실 이면에 담겨 있는 원리를 생각해 냄으로써 좀 더 정확한 지식을 갖게 되는 것입니다.

선입견

갑순이에게 친한 친구가 소개팅을 주선했습니다. 소개받는 남자애가 어떤지 궁금합니다. 물론 사진을 보니 준수한 외모에 멋있어 보이지만, 요즘은 포토샵 처리로 사진을 그럴듯하게 만들어 내니까 실제 모습을 봐야 정확히 알 수 있겠지요. 그런데 갑순이가 소개팅을 한다는 소식을 들은 다른 친구가 알고 있는 정보라며 전해 줍니다. 갑순이가 소개팅할 상대가 바람둥이라는 겁니다. 그 애를 잘 아냐고 했더니, 그건 아닌데 그냥 누군가한테서 그런 말을 들었다는 겁니다. 확실하냐고 따졌더니, 얼버무리면서 한 발 물러섭니다.

왠지 좀 찝찝한 느낌이 들지만, 설마 소개한 친구가 갑순이에게 그런 애를 소개했을까 하는 생각을 합니다. 한번 물어 볼까 하는 생각도 했지만, 혹시라도 오해하게 될지도 몰라서 말 꺼내기가 쉽지 않습니다. 그냥 만나서 스스로 조심하는 게 낫겠다는 생각이 듭니다. 설령 그 애가 바람둥이라 하더라도 친구 역시 모르고 소개한 것일 수 있으니까요.

남자애가 의외로 싹싹하고 친절합니다. 갑순이는 생각합니다. '역시 바람둥이가 맞나 봐. 여자 비위 맞추는 데 선수네.' 남자애치고는 얘기도 아주 재미있게 잘합니다. 여자를 한두 번 꼬셔 본 솜씨가 아니라는 느낌이 확 옵니다. 그러면서도 한편으로는 원래 그렇게 타고난 것일 수도 있지 않느냐는 반문도 해 봅니다. 소개팅 내내 도대체 얘가 바람둥이인지 아닌지를 살피느라 정신이 아주 혼란스럽습니다.

무슨 문제가 생긴 걸까요? 소개팅 받을 애에 대한 선입견(편견)이 작용한 겁니다. 물론 사전 정보가 도움을 주기도 합니다. 동시에 사전 정보 때문에 객관적인 관찰이 방해받기도 합니다. 소개 받은 애에 대한 정확한 지식은 어떻게 얻을 수 있는 걸까요? 베이컨은 인간의 지식은 경험(관찰)을 통해서 얻어진다고 하였습니다. 갑순이는 소개팅 받은 애에 대해서 충분히 관찰을 하였습니다. 문제는 그 관찰이 객관적이었느냐는 겁니다.

그 애가 바람둥이라는 말을 듣는 순간 갑순이는 소개 받을 대상에 대한 선입견을 가졌습니다. 바람둥이. 그 애가 하는 말과 행동 등 일거수일투족이 바람둥이라는 말과 연결되어 버립니다. 그냥 봤더라면 친절하고 성격 좋네라고 했을 것을, 역시 바람둥이 같다고 해 버린 겁니다. 관찰하는 바가 바람둥이라는 선입견과 섞임으로써 그 애에 대한 공정한 판단을 하기가 힘들어졌습니다.

베이컨 선생 왈,

"올바른 지식(진리)을 얻으려면 올바르게 관찰해야 해. 선입견이나 편견에 사로잡히면 사실을 있는 그대로 보는 게 아니라, 그 사실을 자기 의도대로 왜곡해서 보게 되거든. 진리와는 멀어지는 거야. 인간들이 누구나 쉽게 빠지게 되는 선입견(편견)들이 있는데, 그것을 나는 우상이라고 부르겠어. 그 우상들을 조심해야 올바른 관찰을 할 수 있고, 올바른 지식에 도달할 수가 있는 거야.

첫 번째가 동굴의 우상이다. 사람은 자기만의 동굴이 있어. 즉 자기가 어려서부터 받은 교육이나 자라난 환경 때문에 갖게 되는 편견이지. '우물 안의 개구리'라는 말이 있잖아. 개구리가 우물 속에서 나서 자랐기 때문에 우물 입구를 통해 보는 풍경이 세상의 전부라고 생각해. 둥근 하늘과 구름들, 그리고 가끔씩 휙 지나가는 새들.

쇼펜하우어(독일의 철학자)는 여자에 대한 경멸을 노골적으로 표현하는 사람이었어. '키가 작고 가슴이 튀어나오고 엉덩이가 큰 동물을 우리는 여자라고 부른다.' 여자에 대한 묘사야. 그는 여자들이 지적으로 부족한 존재라서 철학에는 무지하다고 했어. 여자의 지성은 깊이가 없다는 거지. 왜 그는 여자를 그처럼 무시하게 된 것일까?

그의 어머니는 자유분방한 사람이었어. 소설을 쓴답시고 밖으로 돌았던 거지. 쇼펜하우어가 철학박사 논문을 발간해서 어머니한테 건네 주었어. 어머니는 나름 당시에는 이름 있는 작가였거든. 그런데 어머니가 다짜고짜로 이 따위도 글이라고 썼느냐며 면박을 줬던 거야. 화가 난 쇼펜하우어가 말했지. '어머니가 쓴 책이 이 세상

에서 완전히 사라져 버려도 제가 쓴 책은 오래도록 읽힐 겁니다.'
그러자 어머니도 질세라 맞받아쳤어. '그럴 테지. 네 책은 초판조차
도 안 팔리고 계속 그대로 쌓여 있을 테니까.'

대부분의 어머니들은 자기보다 자식이 더 잘되는 것을 기뻐하는
데, 쇼펜하우어의 어머니는 그렇지가 않았나 봐. 어찌 되었든지 간
에 쇼펜하우어의 예언대로 그의 어머니 책은 잊혔지만, 아직도 쇼
펜하우어의 책은 도서관에서 읽히고 있으니 쇼펜하우어의 예언이
적중했네.

두 번째가 종족의 우상이다. 우리는 인간이야. 그래서 모든 걸
인간 중심적으로 생각을 해. 새가 운다고 하잖아. 새가 우는 걸까?
새가 노래하는 건지, 그냥 심심해서 그러는 건지, 아니면 기뻐서 그
러는 건지 알 수가 없잖아. 그런데 인간들이 자기 인생이 힘들 때면
새가 운다고 하고, 자신들이 즐거울 때면 새가 노래한다고 해.

한때 진화론자들은 인간이야말로 진화의 최선두라고 했어. 모든
생명체의 진화가 인간을 향해서 왔다는 얘기지. 사실 인간이 더 진
화한 것인지, 아메바가 더 진화한 것인지 알게 뭐야. 인간들이 그렇
게 생각할 뿐이지. 동물들의 아이큐가 얼마인지를 인간들이 측정
해서 정해 주고는 인간이 가장 아이큐가 높다고 하는데, 그것도 인
간이란 종족의 편견에 불과해. 자기 입맛대로 아이큐 검사 기준을
만들어 놓은 거니까. 만일 냄새 맡는 것을 가지고 아이큐 테스트를

해 봐. 개가 높게 나올까, 인간이 높게 나올까?

세 번째가 시장의 우상이다. 시장에는 물건이 많지. 물건이 많기는 하지만 그보다 더 많은 건 말이야. 물건을 사는 사람과 파는 사람이 흥정을 하면서 온갖 말을 늘어놓잖아. 말 때문에 생겨나는 편견이 있다는 얘기지. 인어공주는 인어의 하체와 여자의 상체를 가지고 있다고 해. 사실은 없는 거지. 그런데 말을 해 놓고 보면, 진짜 있는 것처럼 생각이 되는 거야. 그래서 인어 공주의 키가 얼마일까, 헤엄을 얼마나 잘 칠까, 육지에서는 얼마나 지낼 수 있을까 등등 온갖 질문과 답들이 생겨나게 돼.

우리가 누군가를 보고 돼지라고 별명을 붙이면, 그다음부터 그 사람이 먹는 것도 웃는 것도 돼지처럼 생각되고, 걷는 것도 돼지 걸음과 비슷하다고 상상하게 되거든. 어떤 말을 갖다 붙이느냐에 따라 인간의 관찰과 경험이 왜곡되는 일들이 흔히 발생한단 말이야. 그래서 세 사람이 앉아서 한 사람 바보 만드는 건 아주 쉽다고 하잖아. 그냥 말끝마다 '바보같이'라는 말만 두 사람이 계속 해 대면 돼. 그러면 정말 그 사람이 바보라는 인식을 사람들에게 심어 주게 되거든.

네 번째가 극장의 우상이다. 극장에는 무대가 있잖아. 사람들은 무대 위에서 벌어지는 연극이 사실이 아님에도 불구하고 마치 사실처럼 반응을 해. 주인공이 죽으면 슬퍼서 눈물을 막 흘리는 거지.

하지만 그 사람은 그다음 날도 다시 무대에 오를 거거든. 슬퍼할 게 아니야. 또 누군가가 악당으로 배역을 맡아 나쁜 짓을 연기하면, 그 배우를 실제로 미워하고 욕한단 말이야. 그건 연기지 그 사람의 실제 모습이 아닌데도 마치 그가 실제로 그런 사람인 것처럼 반응하는 잘못을 범하곤 해.

성직자나 교수나 의사 등 사회적으로 존경 받는 사람들이 뭔가 잘못을 하면 그 추종자들은 쉽게 받아들이지를 않아. 사실 여부를 따져 보지도 않고 그럴 리가 없다는 거지. 공자가 한 얘기라든가, 의사가 뭐라고 했다든가, 신문에 났다든가 하면 그 말이 사실일 거라고 믿어 버려. 공자의 얘기가 다 맞는 게 아니고, 의사도 잘못 알거나 거짓말을 하기도 하고, 신문도 기사 내용 중 50%가 거짓말(과장이나 편향)이라는 얘기도 있잖아. 신문이 사실을 일부만 보도하거나 엉뚱한 부분을 강조함으로써 진실을 왜곡하는 경우는 흔히 일어나는 일이거든. 그런데도 사람들은 공자의 말, 의사의 말, 신문 기사라는 무대(권위)에 혹해서 사실 확인도 해 보지 않고 그냥 믿으려는 경향이 있지."

데카르트 선생 왈,

"우리가 어떤 사람을 안다고 했을 때, 도대체 무엇을 근거로 알 수 있는 것일까? 사람은 겪어 보면 안다고 하지만, 그 겪어 본(경험하고 관찰한) 것이 진리(속은 게 아니)라는 것을 어떻게 장담할 수 있을까? 쉽지 않은 얘기지. 단순히 경험하고 관찰한 바는 아주 잘 우리를 속여. 그래서 사람들마다 한 인간에 대한 평가가 서로 다른 거야. 어떤 이는 아주 좋은 사람이라고 하고 다른 이는 사악한 사기꾼이라고 하고. 그게 우리가 흔히 보는 풍경이잖아.

다른 사람은 관두고 나라는 존재는 어때? 내가 어떤 사람인지를 나는 잘 알고 있나? 사람들이 흔히 내 마음 나도 모르겠다는 말을 하잖아. 사실 나를 내가 모르는 경우가 대부분이야. 그래서 사람들이 심리 상담을 하고 그러다 보면 내가 알지 못하는 나의 모습을 알게 되기도 하고 그러는 거지.

그렇다면 나라는 존재는 진짜 있는 건가? 잉, 내가 존재하느냐고? 무슨 그런 말도 안 되는 질문을 하느냐는 표정을 짓지는 마. 나라는 인간이 실제로 존재하는지를 입증하는 게 그리 쉬운 일이 아니라는 사실을 곧 알게 될 테니까. 물론 무슨 소리냐, 나는 아침마다 거울을 통해 내 얼굴과 내 몸과 내 다리가 있는 것을 보는데, 나의 존재가 실제로 있는지를 의심한다는 게 말이 안 된다는 생각을 하겠지만 말이야.

교통사고 환자가 있어. 그만 다리 하나를 잘라야만 할 정도로 큰 사고를 당했지. 그래서 다리를 절단하고 난 후 의사와 가족이 의논을 한 거야. 다리 하나를 잃었다는 사실을 알게 되면 충격이 클 테니까 일단은 비밀로 하기로 약속을 했어. 우선은 몸의 상태를 회복하는 게 중요하니까 마음에 절망감을 주지 말자는 거지. 그래서 아직도 다리가 붙어 있는 것처럼 깁스를 했던 거야. 시간이 흐르면서 환자는 조금씩 기력을 회복해 갔어.

그러던 어느 날 환자가 의사에게 묻는 거야, 이 깁스는 언제쯤 풀 수 있느냐고. 왜 그러냐고 했더니, 너무 오랫동안 깁스를 하고 있었더니 다리가 답답하고 근지러워서 미치겠다는 거야. 이미 잘라서 없어진 다리인데도 마치 있는 것처럼 생각하고 감각을 느끼는 거지. 과연 그런 다리를 내 다리라고 해도 되나? 그 감각을 근거로 내 다리가 있다고 말해도 되냐는 거지.

우리는 '2+2=4'라고 굳게 믿고 있지. 이런 수학적 진리는 경험과 상관없이 항상 진리라고 말하거든. 그런데 말이야, 사실은 신과 같은 어떤 존재가 있어서 우리로 하여금 '2+2=4'라고 믿게끔 세뇌를 시켰다면, 그렇지 않으리라는 보장이 없는 상황에서 그 공식이 반드시 진리라고 말할 수는 없는 거지. 그렇게 믿는다고 하는 게 정확한 판단일 거야.

게다가 우리가 지금 현실이라고 하는 이 세계가 정말 현실인지도 확신할 수가 없어. 장자의 유명한 일화가 있잖아. 꿈속에서 나비가 되어 신나게 살다가 깨어났을 때, 장자가 이렇게 말을 하잖아. '지금 깨어 있는 인간이 진짜 나인지, 아니면 꿈속에서의 나비가 진

짜 나인지……. 나도 모르겠다.' 어쩌면 우리가 지금 현실이라고 하는 것이 꿈일 수도 있다는 거지. 죽은 순간 우리가 꿈에서 깨어나는 것인지도 몰라. 아니라고 장담할 수 있는 근거는 전혀 없어. 죽어 보기 전까지는…….

하지만 말이야, 분명한 것 한 가지는 있어. 이제까지 알고 있던 모든 지식이 일단 의심하기 시작하면 그 의심을 견디어 내는 게 없다는 사실이야. 의심을 안 해서 그렇지 일단 의심을 시작하면 확실했던 게 다 흔들리고 말아. 그런데 의심하면 의심할수록 더욱 확실해지는 게 하나 있어. 그것은 바로 의심하는 나라는 존재야. 내가 의심하고 있는 게 아니야, 누군가가 나로 하여금 의심하고 있다고 믿게끔 세뇌시킨 건지도 몰라. 그렇게 의심하는 순간에도 의심하는 작용은 일어나고 있잖아. 의심하고 있음을 의심할수록 더욱 분명해지는 것은 의심하고 있다는 사실이지.

그렇다면 그런 의심을 행하고 있는 뭔가가 있을 거 아닌가? 즉 의심하고 있는 주체로서 나라는 존재가 있다는 얘기야. 의심하면 의심할수록 더욱 분명해지는 것은 의심하는 나라는 존재의 확실성인 거지. 그래서 이런 결론에 도달하게 돼. 〈나는 생각(의심)한다. 그러므로 나는 존재한다.〉이 명제는 그 누구도 의심할 수 없는 절대적인 진리야. 모든 철학(지식)의 기초이자 출발점인 거지. 기초가 부실하면 아무리 그럴듯하게 지식의 집을 지어도 결국 무너지게 마련이야. 화려한 거짓이 되는 거지. 그래서 기초(전제)가 아주 중요해."

언어

원숭이를 오랜 시간 훈련시키다 보면 인간의 말을 알아듣고 때로는 아주 간단한 산수를 해결하는 것처럼 보이기도 합니다. 그게 단순히 동작의 반복을 통해서 얻어진 습관인지, 정말 인간처럼 계산을 해서 선택한 행동인지는 분간하기가 어렵습니다. 왜냐하면 인간이 가지고 있는 언어로 소통하는 게 불가능하기 때문입니다. 단지 언어를 신호로 이해해서 반응을 보일 뿐, 인간 언어의 문법을 배워서 자기 의사를 표현하고 토론하는 능력은 전혀 생기지 않습니다.

게다가 그렇게 열심히 훈련시킨 원숭이가 낳은 다음 세대의 새

끼는 다시 원래 상태로 돌아갑니다. 또다시 열심히 오랜 시간 훈련을 시켜야 어미가 도달한 수준에 도달하게 될까 말까 합니다. 물론 좀 더 나아진 것처럼 보이는 경우도 있을 겁니다. 하지만 여전히 인간 언어의 문법을 이해하지는 못합니다.

하지만 인간은 아무리 원시적 환경에서 문명과 완전히 단절되어 거의 동물들이 생활하는 것처럼 자연적 수준의 생활을 하는 부족의 자녀일지라도 문명사회에 데려와서 함께 지내면 얼마 지나지 않아 문명사회의 언어를 이해하고 배워서 의사소통을 하게 됩니다. 서로 다른 언어를 사용하던 사람들도 서로 만나서 함께 지내다 보면 상대 언어의 문법을 익힐 수가 있습니다. 어떤 부족이든지, 얼마나 원시적 환경에서 살았든지 상관없이 말입니다.

인간에게는 서로 다른 형태의 소리를 사용하면서도 서로의 말을 이해할 수 있게 하는 뭔가가 있는 것입니다. 후천적으로 배운 것이 아니라, 선천적으로 갖고 있는 인간 언어에 공통된 문법이랄까 하는 뭔가가 있다는 얘기입니다. 사실 짐승들이 내는 소리나 다른 언어를 사용하는 민족이 내는 소리를 들으면 처음에는 차이가 없어 보입니다. 뭔지 모를 괴성인 거지요. 하지만 시간이 지나면서 인간이 사용하는 언어는 그 문법 구조가 이해가 됩니다. 그래서 토론이 가능해집니다. 그 언어가 갖고 있는 문법과 내 언어가 갖고 있는 문법이 서로 통한다는 것이지요. 두 언어의 구성 방식(문법)에 뭔가 공통된 것이 있는 겁니다. 경험을 통해서 생긴 게 아니라, 경험 이전부터 있어서 그것에 근거해서 경험을 하게 되니까 서로 다른 환경을 경험하며 살더라도 소통할 수 있는 것입니다.

신이라는 단어는 각 민족마다 서로 다른 소리로 표현되지만, 인간이 함께 지내다 보면 그 이상한 단어의 의미가 내가 사용하는 신이라는 개념에 해당한다는 사실을 알게 됩니다. 단지 경험의 문제라면 똑같은 경험을 하는 원숭이와 인간이 같은 개념을 사용해서 서로의 언어를 배워서 토론이 가능해져야 합니다. 그리고 인간이라도 서로 다른 환경에서 살았다면, 그 개념의 형성이 전혀 달라서 서로의 언어를 배우기가 힘들어져야 합니다. 같은 경험 세계에 살고 있는 원숭이와 비교했을 때 말입니다.

그리고 전혀 다른 환경에서 살았으니, 눈에 보이는 사물에 대한 이해에서는 차이가 날 수 있습니다. 겨울이 없는 곳에서 사는 사람들은 하얗게 눈이 내린다는 것에 대해 이해하기가 쉽지 않습니다. 하지만 그렇다고 전혀 이해 못하는 것은 아닙니다. 얘기하다 보면, 추우면 비가 뭔가 다른 모양으로 변하나 보다라는 정도까지 이해할 수 있습니다. 반면에 눈에 보이지 않는 추상적인 개념에 대한 사고에 있어서는 그가 처한 문명적 상태와 상관없이 모든 인간들이 서로 의견을 심도 있게 교환할 수 있습니다. 그래서 신이 없는 인간 부족은 없다고 하지 않습니까? 합리적인 추정은 후천적인 경험으로 얻어지는 것이 있는 반면, 후천적인 경험으로는 결코 습득할 수 없는 선천적인 것이 있다는 겁니다.

 경험론

관찰과 귀납적 사고

눈이나 귀와 같은 감각을 통해서 여러 가지의 사실을 관찰(경험)하게 된다. 그렇게 관찰한 사실들을 열거하다 보면 어떤 원리, 즉 결론을 얻을 수 있게 된다. 경험한 사실들을 모아서 보편 원리를 생각해 내는 것이다. 개는 죽는다. 꽃도 시든다. 독수리도 죽는다. 고래도 죽는다. 사람도 죽는다……. 모든 생명은 죽는다.

4대 우상론(베이컨)

편견이나 선입견 때문에 사물에 대한 관찰이 왜곡된다. 그래서 잘못된 해석을 하는 것이다. 이러한 편견(선입견)을 우상이라 한다.

첫째가 종족의 우상이다. 인간이기에 갖는 편견이다. 모든 것을 인간을 기준으로 해서 생각하려 한다. 둘째는 동굴의 우상이다. 개인이 자라난 환경이나 교육 여건 등에 따라서 갖게 되는 개인적 편견을 말한다. 셋째는 시장의 우상이다. 시장에서는 물건을 팔기 위해서 사실과 다른 말(믿지고 판다는 둥, 순수 국산이라는 둥)들이 종종 사용된다. 넷째는 극장의 우상이다. 비판적 사고나 경험적 검증 없이, 기존의 권위(성직자, 교수, 전문가의 견해, 신문기사 등)를 수용하고 맹목적으로 믿으려는 것을 말한다.

관념(지식)은 경험(감각)의 산물이다(로크)

신의 관념, 논리 법칙, 도덕관념 등은 태어날 때부터 있는 것이 아니다. 어린이에게 신의 관념이 있는 것 같지 않으며, 어른 중에도 도덕관념이 없는 사람이 있다. 본래부터 마음속에 있는 것은 없다. 태어날 때 마음(정신)은 백지상태(타블라사)이다. 정신이 갖고 있는 모든 관념(지식)은 후천적으로 경험을 통하여 생기는 것이다.

존재한다는 것은 지각된다는 의미이다(버클리)

정신이 아는 것은 경험을 통해 얻어진 관념들뿐이다. 정신이 간직한 관념과는 별도로 존재하는 뭔가가 있는 게 아니다. 책상이 있다고 했을 때, 실재하는 것은 사각형 모양, 평평한 면, 하얀 색, 네 개의 다리 등의 관념들뿐이다. 그 관념들을 하나씩 다 없애고 나면 아무것도 존재하지 않는다.

이성론

직관과 연역적 사고

감각은 종종 인간을 잘 속인다. 개울물에 잠긴 다리는 짧아 보인다. 물의 굴절 때문이다. 감각적 경험(관찰)의 오류를 교정하는 것이 이성이다. 이성이 지식의 확실성을 보장해 준다. 이성은 직관과 연역의 능력을 갖고 있다. 직관은 어떤 의심도 남겨 두지 않는 명확한 통찰이다. 직선이 두 점 사이의 최단 거리라는 사실은 직관적으로 알 수 있다. 연역은 직관을 통해 얻는 사실로부터 논리적으로 전개되는 사고의 과정이다.

방법적 회의(데카르트)

어떤 지식이 확실히 옳은지를 알아 보는 방법은 일단 그것이 옳지 않다고 가정하고 의심해 보는 것이다. 철저한 의심을 통해서 지식의 확실성 여부를 점검해 볼 수 있다. 교과서의 지식들이 거짓일 가능성이 전혀 없는가? 교과서를 쓴 사람도 잘못 알고 있을 수 있다. 현실 세계가 정말로 있는 것인지도 의심해 볼 수 있다. 종종 우리는 꿈속에서 진짜 현실이라고 믿는 경우가 많다. 사실 꿈과 현실을 구분할 명확한 기준도 없다. 수학 공식은 어떨까? 어떤 전능한 존재가 내게 '2+2=4'라고 믿게 최면을 걸었는지도 모른다. 이제까지 참이라고 믿던 것 중에 의심의 여지가 전혀 없는 것은 하나도 없다.

그런데 의심을 할수록 더욱 더 명확해지는 것이 있다. 의심하고 있다는 사실이다. 의심하는 순간 의심하고 있다는 게 너무나 명확해진다. 의심하고 있는 주체는 '나'이다. 그러므로 내가 의심하고 있는 한, 나의 존재는 너무나 확실한 진리이다.

나는 생각(의심)한다. 그러므로 나는 존재한다.

본유 관념(본래부터 가지고 있는 관념)

인간은 영원하고 전능한 신의 관념을 갖고 있다. 이는 경험함으로써 알 수 있는 게 아니다. 이 관념은 경험을 통해서 얻어진 게 아니다. 그렇다면 이 관념은 신으로부터 유래한(선천적으로 갖고 있는) 것이다.

신, 즉 자연(스피노자)

모든 존재는 신 안에 있다. 신 없이는 무엇도 존재할 수 없다. 인간이 신의 섭리를 깨닫게 될 때 비로소 자족할 수 있다. 신의 질서 안에 있는 삶을 긍정함으로써 인간은 자유롭게 된다.

관심인가, 집착인가?

자신의 외모에 자주 실망합니까? 신체적 약점을 고치기 위해 성형 수술을 생각해 본 적이 있습니까? 할 수만 있다면 신체의 어느 부분을 바꾸고 싶습니까? 키, 몸매, 피부, 몸무게, 얼굴, 머리카락, 목소리 등등.

갈수록 언니는 정말 날씬하고 예뻐졌어요. 모델이나 배우들처럼 말이죠. 그런데 나는 좀 통통했어요. 언니는 끼니를 거르면서 거의 굶다시피 했지만, 저는 잘 챙겨 먹었거든요. 어쨌든 그 바람에 놀림을 많이 당했어요. 집안에서는 심지어 뚱뚱이라는 별명까지 생겼어요.

학교에서 한 친구가 저를 보고 토끼 이빨이라고 놀렸어요. 이를 갈면서 앞니 두 개가 튀어 나와 보였거든요. 처음엔 웃고 말았는데 자꾸 그러니까, 상당히 기분이 안 좋았어요. 다 큰 지금도 이 때문에 신경이 쓰이곤 해요.

외모에 관심이 가는 것은 당연한 일입니다. 하지만 너무 예민하게 반응하다 보면 불필요한 성형수술에 매달린다거나, 지나친 다이어트를 하느라 건강을 해치는 경우가 생깁니다. 여자 청소년들 중에는 날씬해지기를 꿈꾸면서, 패션 잡지 광고 모델을 기준으로 삼기도 합니다. 사실 잡지 모델의 멋진 사진들은 그래픽 작업을 통해서 과장된 것입니다. 게다가 모델은 그런 몸매를 유지하기 위해서 거의 굶다시피 해야 합니다. 먹고 살기 위해서 직업이 요구하니까, 무리하게 애를 쓰는 겁니다. 마치 학생들이 기말 고사 때면 밤을 새는 것처럼 말입니다.

그렇다 해도 내 외모가 정말 마음에 들지 않으면 어떻게 해야 할까요? 우선은 자신에 대해 현실적이고 객관적인 견해를 가질 필요가 있습니다. 평평하지 않은 거울에 비친 자신의 모습을 본 적이 있습니까? 아마 그 모습은 실제보다 크거나 작게 보였을 것입니다. 볼록 거울이든 오목 거울이든 간에 어느 쪽도 정확한 모습을 보여주는 게 아닙니다. 그처럼 많은 청소년들에게 자기 외모에 대한 이미지는 평평하지 않은 거울에 비친 모습처럼 과장된 것일 수 있습니다.

> 한동안 눈이 작다고 놀림을 많이 당했어요. 하지만 결국 그런 말을 웃어넘길 줄 알게 되었지요. 제 성격이나 다른 장점에 대해서 생각을 하면서 자신감이 생겼거든요. 내가 오직 눈 하나로 평가되는 존재가 아니라는 생각을 했어요. 그러다 보니 외모에 대한 불만도 점점 사라졌어요. 이제는 있는 그대로 나를 받아들여요.

따돌림을 왕따시키기

누군가에게 왕따라는 딱지를 붙이는 것은 그 누군가를 부당하게 대하도록 만듭니다. 그 친구를 객관적으로 볼 수 있는 여지를 없애버리는 겁니다. 학교 때의 일짱이나 킹카가 나중에 거지가 되고, 학교 때 거지가 사회에 나가서 일짱이나 킹카가 되는 경우가 종종 있습니다. 만일 그런 상황에서 내가 을의 입장이 되어 그 친구를 만나게 된다면, 아마도 학교 때 그를 놀리고 힘들게 했던 것 때문에 나는 아주 곤란한 상황에 빠질 겁니다. 학교 때 했던 철없는 행동이 결국 나라는 인간의 인생길에 큰 장애물이 되고 마는 거지요.

왕따는 대부분 선입견에 의해 생겨납니다. 어떤 사건이나 행동이 계기가 되어 그걸 과장하고 뻥튀기해서 부풀리는 과정이 되풀이됩니다. 만일 내가 그런 상황에 있게 된다면 어떻게 하면 좋을까요? 친구의 태도를 바꾸기는 쉽지 않습니다. 제발 그러지 말라고 하소연하는 것이 그다지 효과가 없는 것이지요. 내가 할 수 있는 방법은 친구의 태도가 아니라, 나의 태도를 바꾸는 것입니다. 우선 할 수 있는 것은 그 선입견을 무시하는 겁니다. 왜냐하면 후천적으로 붙여지는 편견이나 선입견 이전에, 모든 인간은 태어나면서부터 갖고 있는 고유 가치가 있기 때문입니다.

"모든 사람은 평등하게 창조되었으며, 창조주로부터 주어진 양도할 수 없는 권리, 특별히 생명과 자유와 행복을 추구할 권리를 부여받았음은 자명한 일이다."

미국의 독립 선언문입니다. 인간은 그에게 어떤 편견이나 선입견이 붙여지기 이전에 평등하고 특별한 권리를 부여받았습니다. 남자든 여자든, 장애가 있든 없든, 키나 몸무게가 어떠하든, 피부색이 무엇이든 상관없이 말입니다.

그러므로 상대방이 후천적으로 갖다 붙인 편견이나 선입견에 대해 괴로워하지 않아도 됩니다. 어디 그게 말처럼 쉬우냐고 반문할 수 있습니다. 그렇죠. 남의 편견이나 선입견을 개의치 않는다는 게 쉽지 않은 일입니다. 하지만 불가능하지도 않습니다. 훈련이 필요할 뿐입니다. 남의 편견이나 선입견에 대해서 괴로워하지 않는 척하는(전혀 아무렇지도 않은 척하는) 훈련을 계속하는 것입니다. 쉽지는 않겠지만, 남들이 보는 앞에서 완전히 못들은 듯이 무시해 버리고 행동하는 연습을 하는 겁니다. 그러다 보면 시간이 흐르면서 조금씩 나의 멘탈(정신력)이 강해지고 정말 나중에는 그렇게 되어 갑니다.

친구들이 내게 붙이는 편견이나 선입견 때문에 자책하지 말고 오히려 자신을 훈련하고 키우는 과정으로 삼으라는 것입니다. 굳이 애써서 친구들에게 인정받으려 하지 말고 오히려 그들을 무시해 버리고, 뭐라고 짖어 대든 상관없이 내 하고자 하는 대로 합니다. 인생은 어차피 홀로 사는 것입니다. 적대적으로 맞서지 못하는 걸 탓하지 말고, 너희 따위와는 수준 안 맞아서 말을 안 섞는다는 식의 생각을 되풀이해서 자신을 세뇌시키는 겁니다.

그리고 그들의 행동과는 다른 수준 높은 행동에 도전해 보는 겁니다. 영어 원서를 외운다거나, 철학 책을 본다거나, 태백산맥 종주에 참여한다거나, 전통 무예를 배운다거나 그들의 체력과 지력을 넘어서는 뭔가에 도전하는 겁니다. 그들이 좋아하고 열광하는 것을 무시하거나 초월해 버리는 것도 좋습니다. 연예인이나 비싼 메이커 제품에 발광하는 걸 무시해 버리고 전혀 신경도 쓰지 않는 겁니다. 홀로 사는 훈련, 홀로 얼마든지 즐길 수 있음을 보여 주는 거지요. 담배 피우기, 성관계 갖기, 술 퍼마시기 등과 같이 자기 인생을 깎아 먹는 어른 흉내보다는 훗날 내 인생을 풍요롭게 해 줄 보다 더 높은 가치와 의미 있는 행동에 도전하면서 말입니다.

06

보이는 대로 보는 것일까,
보는 대로 보이는 것일까?

후천적과 선천적

개의 눈에는 세상이 흑백으로 보인다고 한다.
사람의 눈에는 컬러로 세상이 보인다.
개의 눈이 잘못된 것일까?
아니면, 인간의 눈이 잘못된 것일까?

개의 눈에는 세상이 흑백으로 보인다고 합니다. 사람의 눈에는 세상이 컬러로 보입니다. 개의 눈이 잘못된 것일까요? 아니면 인간의 눈이 잘못된 것일까요? 개의 눈에 문제가 있는 것이고, 인간의 눈이 정상이라고 말하기 쉽습니다. 왜 그럴까요? 우리가 인간이기 때문에 그렇습니다. 당연히 흑백보다는 컬러가 더 사실에 가깝지 않겠느냐고 주장할 수도 있습니다. 남이 보는 것을 보지 못한다면 그게 문제가 있는 것이라는 논리입니다. 하지만 그걸 누가 보장해 줄 수 있을까요?

색맹인 사람이 있습니다. 적색과 녹색을 섞어 놓으면 그 색깔이 구분이 잘 안 되는 겁니다. 색맹이 비정상으로 여겨지는 것은 색맹 자체에 문제가 있기 때문이 아닙니다. 사실은 색맹인 사람의 숫자가 적기 때문에 그게 문제로 간주되는 것이지요. 지금의 상황과 달리 색맹인 사람이 많고 색맹이 아닌 사람이 적다면, 어떤 일이 벌어질까요? 같은 색을 다르다며 구분하려는 사람의 눈에 뭔가 문제가 있는 게 아니겠습니까? 다른 사람들의 눈에는 안 보이는데, 다른 사람의 귀에는 안 들리는데, 뭔가가 보이고 뭔 소리가 난다고 하면 우리는 그것을 환상이라거나 환청이라고 하면서 비정상적인 것으로 간주합니다.

이런 우스개 얘기가 있습니다. 코로나 19 바이러스가 무섭게 번지면서 중국도 그랬지만, 유럽의 많은 도시들이 봉쇄 상태에 들어

갑니다. 집 밖으로 나가는 사람의 숫자를 가정당 한 명씩 제한을 한다거나, 혹은 일정 기간 동안 바깥출입을 금지하는 자가 격리를 명하기도 합니다. 이처럼 외부 사람들과의 접촉을 금하고 집안에서 홀로 오래 지내야 하는 날이 길어짐에 따라 정신과에 문의가 많아졌다고 합니다.

자가 격리 중에 벽을 쳐다보면서 혼자 중얼거리거나, 집안에 있는 식물을 보면서 말을 건네는 것이지요. 사실 사람은 대화를 해야만 삽니다. 말을 안 하고 있으면 정신적으로 문제가 생길 여지가 많아집니다. 정서적으로도 우울해지고 말입니다. 어느 날 문득 벽을 마주하고 서서, 혹은 꽃을 바라보면서, 혹은 물고기를 쳐다보면서 말하고 있는 자신을 발견하게 됩니다. "아, 이러면서 내가 미쳐 가는 거 아닌가?" 갑자기 자신의 행동이 무섭게 느껴지고 살아 있다는 자체가 불안해지는 겁니다.

과연 이런 경우 나는 미쳐 가고 있는 중인 걸까요? 아니면 자연과 더불어 살아가는 순수한 영혼처럼 자연과의 건강한 대화를 즐기고 있는 걸까요? 시인, 혹은 자연인이라는 사람들이 때때로 사람 아닌 것들과 대화를 나누며 예술적 정서를 표현하는 경우도 있지 않나요? 여기에 대해 정신과 의사가 이런 답을 주었다고 합니다. "자가 격리 중에 벽이나 식물에게 말을 건네는 정도는 괜찮습니다. 그런데 내가 말을 걸었을 때, 벽이나 식물이 대답을 한다면 진료를 받으러 오십시오."

인과율(원인과 결과의 법칙)은 심리적 습관인가

비가 오는 이유는 무엇일까요? 누구나 다 알고 있듯이 구름이 많이 끼었기 때문입니다. 하늘에 잔뜩 먹구름이 끼면 비가 온다고 기상청에서 예보를 합니다. 비가 오는 원인이 구름인 셈입니다. 구름과 비는 원인과 결과로써 함께 엮이게 됩니다. 그래서 비가 안 오면 비가 오도록 하기 위해서 인공 구름을 만들면 해결할 수 있을 것이라는 생각을 하게 됩니다

세상에는 특이하고 별난 생각을 하는 사람들이 종종 있습니다. 남들이 당연하다고 여기는 것에 대해 의문을 갖는 것입니다. 이런 질문을 한번 던져 봅시다. 과연 구름 때문에 비가 오는 것일까요? 종종 구름이 있어도 비가 안 오는 일들이 벌어집니다. 또는 구름이 별로 없는데 비가 내리기도 합니다. 어떤 때는 해가 쨍쨍한데도 비가 내립니다. 이럴 때면 사람들은 호랑이가 장가가는 날, 혹은 여우가 시집가는 날이라고들 말합니다. 구름이 있다고 해서 반드시 비가 오는 것은 아니라는 것이지요.

그래서 흄이라는 철학자는 구름이 비가 된다는 인과법칙, 즉 구

름과 비 사이의 필연성(반드시 그래야 하는 법칙)은 없다고 생각했습니다. 그냥 종종 구름이 하늘을 덮고 있는 현상이 있고, 그런 다음에 비가 내리는 현상을 경험한다는 것입니다. 그런 경험을 한두 번이 아니라 여러 번 되풀이하다 보니, 사람들이 그냥 둘 사이에 필연적인 관계가 있는 것처럼 생각하게 된다는 겁니다. 비록 안 그런 경우들도 종종 있지만, 사람들은 그냥 둘 사이에 필연적인 연관이 있다고 믿어 버린다는 얘기입니다.

구름과 비 사이의 인과법칙이라는 것은 객관적으로 실재하는 법칙이 아니라는 주장입니다. 그냥 사람들이 구름과 비라는 두 현상을 묶어서 원인과 결과라고 습관적으로 생각할 뿐이라는 겁니다. 정말 구름의 양을 보고 기상청에서 비가 온다고 예고를 하지만, 구름만 끼고 비라는 건 코빼기도 안 보이는 경우들이 있습니다. 반대로 비가 안 온다는 일기예보를 믿고 나갔는데, 갑자기 비가 쏟아져 우산을 사야만 하는 경우도 있습니다.

생각이 깊은 칠면조가 한 마리 있었습니다. 맘씨 좋게 생긴 새 주인에게 팔려서 멀리 낯선 지역으로 실려 왔습니다. 앞으로 자기에게 무슨 일이 벌어질지 걱정이 많이 되었을 겁니다. 날이 어두워지고 아침이 밝았습니다. 멀리서 교회의 종소리가 들려옵니다. 주인집에서도 인기척이 났습니다. 드디어 주인이 나타났습니다. 무슨 일이 벌어질지 불안해 하는 칠면조 앞에 주인이 먹이를 잔뜩 갖다

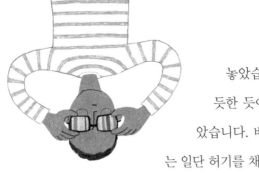

놓았습니다. 그러고는 뿌듯한 듯이 칠면조를 바라보았습니다. 배가 고팠던 칠면조는 일단 허기를 채우기로 마음먹고 주인이 가져다 준 먹이를 실컷 먹었습니다.

이튿날 아침에도 어김없이 교회의 종소리가 울렸습니다. 그러자 사람 좋게 생긴 주인이 먹이를 가져다 칠면조 앞에 두었습니다. 그 다음 날도 그다음 날도 그다음 날도……. 여러 번 같은 경험이 반복되자, 칠면조는 생각을 했습니다. 아침 종소리가 들리면, 주인은 먹이를 가져 오는구나. 물론 때로는 이런 칠면조의 기대가 조금씩 틀어지는 때도 있었습니다. 주인이 한동안 안 보인다거나 아침 늦게야 나타난다거나 하는 예외적 상황이 가끔씩은 발생하기도 했습니다. 그럼에도 칠면조는 아침 종소리라는 현상과 먹이 제공이라는 현상 사이에는 특별한 관계가 있다고 믿었습니다. 아침 종소리가 원인이고 먹이 제공이 결과라는 믿음이었습니다.

아침 종소리와 먹이 제공 사이의 인과법칙(필연성)은 아주 오랫동안 칠면조의 기대를 배반하지 않았습니다. 그러던 어느 날 여느 때와 다름없이 교회에서 아침 종소리가 들리고 어김없이 주인이 나타났습니다. 그런데 이번에는 그의 손에 먹이가 들려 있지 않았습니다. 그는 칠면조를 천천히 바라보더니, 우악스럽게 칠면조의 목을 잡았습니다. 주인의 집 안에서는 크리스마스 캐럴이 울려 퍼지고 있었습니다. 크리스마스에 모일 식구들을 위해서 칠면조가 필요했던 것입니다.

지구가 태양 주위를 돕니다. 어제도 그제도 작년에도 십 년 전에도 천 년 전에도 그랬습니다. 그러므로 내일도 모레도 십 년 후에도 천 년 후에도 그럴 것입니다. 그런데 과연 그걸 누가 보장해 줄수 있는 걸까요? 과거에 그랬으니까 앞으로도 그럴 것이라는 믿음은 칠면조의 경우처럼 언제 깨지게 될지 아무도 모릅니다. 과거에 계속 그랬으니까 앞으로도 계속 그럴 것이라고 우리가 칠면조처럼 단지 믿고 있을 뿐입니다. 그걸 보장해 주겠다고 확실하게 약속해 주는 그 무엇도 없습니다. 인과법칙이라는 게 우리 눈 밖에 실제로 존재하는 게 아니라, 그럴 것이라고 인간의 정신이 기대하는 것에 불과할 수도 있다는 얘기입니다.

진짜 모습은 뭘까

작은 글씨 위에 돋보기를 갖다 대면 글씨가 아주 커 보입니다. 이 글자의 진짜 모양은 어떤 것일까요? 돋보기에 비친 모습은 진짜가 아닐까요? 돋보기를 들고 있는 사람의 눈을 보십시오. 두 눈의 모양이 서로 다르게 보입니다. 돋보기 때문입니다. 이 사람의 진짜 눈은 둘 중 어느 것일까요? 큰 것일까요? 작은 것일까요? 아니면 둘 다 진짜인데 하나는 다른 것을 좀 더 자세하게 본 것일 뿐, 다른 게 아닌 걸까요? 이 사람 눈의 진짜 모습은 과연 무엇일까요?

다음 사진은 사진 찍는 사람이 비친 거울의 모습입니다. 거울에는 네 명의 사람이 있습니다. 실제로는 몇 명일까요? 두 명입니다. 굽어진 거울 면에 있는 사람이 양쪽으로 비쳐서 4명으로 보이게 된 겁니다. 거울의 면이 편평하지 않고 곡면으로 휘어 있습니다. 그래서 사람이 넓게 확장되어 보입니다. 실제 모습이 어떠하든 거울에 비친 모습은 거울의 표면이 어떤 모양이냐에 따라 다르게 나타날 수밖에 없습니다. 그렇다면 진짜 모습이 아닌 것이지요. 과연 진짜 모습은 무엇일까요? 그리고 그게 진짜 모습이라는 것을 어떻게 알 수 있는 걸까요?

우리 눈은 일종의 거울(안경)입니다. 이 거울에 비친 세상의 모습을 우리는 보고 있는 것입니다. 우리의 눈의 구조는 다른 동물과 다릅니다. 이 얘기는 무슨 의미일까요? 동물의 눈에 비친 세계의 모

습은 인간의 눈에 비친 세계의 모습과는 다를 수 있다는 얘기입니다. 그렇다면 인간의 눈에 비친 모습과 다른 동물 눈에 비친 모습 중 어느 것이 진짜 세상의 모습일까요? 만일 둘 중 하나가 진짜라면 그렇게 말할 수 있는 근거가 무엇일까요? 볼록거울이냐 오목거울이냐 평면거울이냐에 따라 모양은 다르게 비칩니다.

우리는 거울의 모양을 볼 수 있습니다. 그리고 사물의 실제 모습도 알고 있습니다. 그래서 어떤 거울에 비친 게 실제 모습인지를 판단할 수가 있습니다. 하지만 인간과 다른 동물의 눈의 구조는 어떤 것이 정상인지를 알 수가 없습니다. 아니 정상이라는 게 있는지 여부조차 판단할 방법이 없습니다. 다시 말해서 세상의 실제 모습이 어떤지를 알 수가 없다는 것입니다. 이미 인간이 본 세상의 모습은 인간의 눈으로 왜곡된 모습이기에 그렇습니다.

흄 선생 왈,

"구름이 비의 원인이라고 할 때 우리가 알 수 있는 것은 구름이 끼는 현상과 비가 오는 현상이 시간적으로 가깝다는 거지. 구름이 끼고 난 후 이삼 일 지난 뒤에야 비가 오는 게 아니라, 구름이 끼고 얼마 지나지 않아서, 혹은 거의 동시에 비가 온단 말이야. 그리고 비가 오기 전에 구름이 낀다는 것도 알 수가 있어. 항상 비라는 현상보다 구름이라는 현상이 시간적으로 앞서 있다는 것이지. 다음으로는 구름이 끼고 난 뒤에 비가 오는 현상을 여러 번 반복경험하게 된다는 사실이야. 이런 세 가지 점에 대해서는 누구나가 동의하고 경험적으로 알 수 있는 내용이지.

그런데 여기서 주의할 점이 있어. 인과율, 즉 법칙이라는 것은 반드시 그래야 한다는 필연성을 갖고 있다는 점이야. 즉, 구름이 비의 원인이라는 말은 구름과 비 사이의 관계가 필연적이라는 의미인 거지. 하지만 우리가 알고 있는 것은 두 현상이 시간적으로 가깝게 일어나며, 하나가 항상 다른 것에 앞서서 일어나고, 그런 일들이 여러 번 반복적으로 경험되었다는 것뿐이야. 구름과 비라는 두 사건의 발생 사이의 필연적 관계(반드시 그래야 한다)라는 것은 우리의 눈을 통해서 경험적으로 알게 되는 게 아니잖아. 두 현상의 인접성이나 선행성이나 반복성만을 눈으로 경험하고 알 수 있을 뿐이지.

따라서 구름이라는 현상과 비라는 현상 사이에 존재하는 필연성(인과율/원인과 결과)은 우리가 경험하는 외부 세계에서 얻은 게 아니야. 비와 구름이라는 현상이 갖고 있는 성질이 아니라는 거지. 우리 정신이 만들어 낸 관념인 거야. 두 현상을 여러 번 경험하다 보니 습관적으로 둘 사이에 필연적인 관계가 있을 것이라고 상상하고 그렇게 믿는 것뿐이야. 구름과 비 사이의 필연성(인과율)이란 관념은 우리 정신이 습관적으로 가정하는 내용에 불과한 거지. 따라서 소위 자연법칙(인과율)이라는 것은 외부 세계에 객관적으로 실재하는 게 아닌 거야. 인간 정신이 상상력을 통해서 만들어 낸 주관적 관념이라 할 수밖에 없어."

칸트 선생 왈,

"인간의 지식이 경험을 통해서 얻어지기는 하지만, 경험으로부터 오지 않는 지식도 있어. 우리가 자연 현상을 설명할 때 사용하는 인과율(법칙)이라는 관념은 단순히 심리적인 습관에 의해 만들어진 게 아니야. 그렇다고 경험을 통해서 얻어진 것도 아니야. 그 관념의 출처는 인간의 정신으로부터라고 할 수 있지. 즉 인간이 나면서부터 갖고 있는 것으로서 선천적이라는 말이야.

변화에는 어떤 원인이 있다는 지식은 경험을 통해서 얻을 수 있는 게 아니야. 왜냐하면 우리가 모든 경험을 다 해 본 것도 아니고, 앞으로도 그럴 수 없기 때문이지. 경험을 통해서는 인과적 필연성이나 보편성에 대한 지식을 얻을 수가 없어. 그런데도 우리는 사실상 그런 지식을 갖고 있잖아. 인과적 필연성이나 보편성은 특히 과학에서 아주 중요해. 그게 보장되지 않으면, 우리가 이해하는 자연법칙도 없을 것이고, 어떤 병에 대한 치료약이라는 것도 만들 수가 없는 거야.

공간적으로 아주 가깝거나 같은 장소에서 발생하고 시간적으로 연속되는 사건이 반복될 때, 그것을 원인과 결과로 묶어서 법칙이라고 부르지. 왜 그러는 걸까? 우리는 태어날 때부터 그런 식으로 보게끔 하는 인식 구조(안경)를 갖고 있기 때문이라고 할 수 있어. 그렇기 때문에 다른 동물과는 달리 인간은 소위 인과율이라는 사고 방식(안경)을 가지고 세상을 이해할 수 있게 된 거지. 이는 모든 인간에게서 공통적으로 나타나는 것이기도 해.

손으로 잡고 있던 사과를 놓으면 아래로 떨어지지. 사과를 놓는 행위와 사과가 아래로 떨어지는 사건은 언제나 늘 그런 식으로 발생하잖아. 그래서 이것을 자연법칙이라고 부르고, 우리는 누구나 잡았던 손이나 고정시켰던 줄을 풀어 주면 물체가 아래로 떨어지게 된다는 것을 예측할 수가 있는 거지. 그래서 높은 곳에 가면 뭔가를 꼭 붙들고 있어야 안전하다는 것을 알고 준비하는 거야. 인간이 그런 식으로 세상을 이해하는 인식 형식(안경)을 갖고 태어났기에 그렇다는 말이야.

모든 사물을 가만히 분석해 보면, 감각의 다발일 뿐이라는 사실을 알게 돼. 단순화해서 생각해 보자고. 속이 비어 있는 빨간 색깔의 주사위가 있다고 해 봐. 그 주사위는 6개의 빨간색과 사각형 6개라는 감각들로 이루어졌음을 알 수 있어. 그런데 우리는 그 감각들을 한데 묶어서 하나의 사물, 즉 주사위로 생각을 해. 빨간색과 사각형이라는 감각 이외에도 소위 주사위라고 부르는 뭔가가 실제로 있는 것일까?

사실은 우리가 서로 다른 감각 내용들을 한데 모아서 주사위라고 부르고 있는 것이지. 왜 그럴까? 우리 정신에는 그런 식으로 사물을 구성하는 인식 형식(안경)이 있기 때문이야. 마치 빨간색 안경을 쓰고 있으면 빨간색을 통해서 모든 사물을 파악하듯이 그런 인식 능력을 통해서 우리는 세상을 구성한다고 할 수 있지. 그런데 그런 인식 능력(형식)은 인간 누구나 다 가지고 있어. 그렇기 때문에 그 지식의 보편성이 항상 성립할 수 있는 거야. 물론 그런 인식 능력이 없는 다른 존재(동물)에게는 그 지식이 타당한 것이 될 수 없는 것이고.

인간에게는 사물에 대한 인식 능력이 있을 뿐만 아니라, 인간의 행동을 이해(판단)하는 공통된 능력(기준)도 있어. 그것을 근거로 해서 인간들은 어떤 행위에 대한 선과 악을 이해하고 판단하는 것이지. 즉 인간에게는 옳고 그름을 이해하고 판단하는 도덕 형식(도덕 법칙/

안경)이 있다는 말이야. 이것을 모든 인간이 공통적으로 갖고 태어나는 거야. 그래서 이것을 근거로 인간 행위에 대해 윤리적인 판단을 할 수 있는 것이지. 선악의 판단이 인간에게서만(다른 동물에게는 아니고) 보편성을 갖게 되는 이유라고 할 수 있어.

도덕이나 윤리는 단지 인간들이 경험한 바들을 근거로 서로 합의를 함으로써 얻어진 게 아니야. 그렇다면 그 도덕이나 윤리는 보편성을 가질 수가 없게 돼. 내가 그것을 거부하는 순간, 그것은 아무 것도 아닌 게 되거든. 왜 내가 그것에 동의해야 하는데, "나는 싫어"라고 하는 순간, 그 누구도 그 행위에 대해 도덕적 판단을 할 수가 없게 돼. 합의라는 것은 합의에 동의한 자에게만 효력이 생기기 때문이지. 도덕적으로 맞고 틀림이 보편적일 수 있는 것은 인간들 누구나 선천적으로 도덕 형식(안경)을 갖고 태어났기 때문이야."

 흄

인상과 관념

정신의 내용(지식)은 감각기관을 통해서 얻은 경험으로부터 생기며, 인상과 관념으로 나눌 수 있다. 인상은 사고의 재료이다. 빨간 점들과 6개의 사각형이라는 감각은 주사위에 대한 인상이다. 그것들에 대한 기억이 관념이다. 고통을 느끼는 것은 인상이고 고통에 대한 기억은 관념이다. 따라서 모든 관념에는 그에 앞선 인상이 있다. 정신에서는 여러 관념들을 서로 결합하는 작용이 일어난다. 그 결합은 유사성(서로 비슷함)과 근접성(시공간적으로 가까움)과 인과성(반복적으로 경험함)에 따라 이루어진다.

인과율(인과법칙)**은 대상들 간의 관계**(성질)**가 아니다**

갑이 을의 원인이라고 할 때, 경험적으로 세 가지 경우를 접하게 된다. 첫째는 갑과 을이 항상 가까이 있다는 '근접성'이다. 둘째로는 항상 갑이 을에 앞서 있다는 시간의 '선행성'이다. 셋째로는 갑 뒤에는 항상 을이 따라오는 결합의 '반복성'이다.

인상이 갖고 있는 근접성이나 선행성이나 반복성이 어떤 필연성을 담고 있지는 않다. 필연성은 인상이 갖고 있는 내용이 아니다. 경험하는 대상 속에 있는 성질이 아니라 정신이 갖고 있는 심리적 습관이다.

칸트

인과율

지식이 경험에서 시작되지만, 경험에서 오지 않는 지식도 있다. 인과율은 심리적 습관이 아니라 지식이며, 경험에서 얻어진 게 아니다. 모든 변화에는 원인이 있다는 것은 경험을 통해 확인될 수 없다. 어떤 인간도 모든 변화를 다 경험하는 건 불가능하다. 인과율은 경험 이전부터 갖고 있는 지식이다.

선천적 종합 명제

〈사물은 공간을 차지한다〉. 주어(사물)에 술어(공간 차지)가 이미 포함되어 있다. 이를 분석명제라 하며, 항상 참(선천적)이다. 〈사과는 빨갛다〉. 주어(사과)에 술어(빨갛다)가 포함되어 있지 않다. 이를 종합 명제라 하며, 관찰을 통해 첨가된다(후천적이다). 〈직선은 두 점 간의 최단 거리이다〉. 주어(직선)에는 술어(구부러지지 않음)가 포함되어 있다. 그러나 최단거리라는 내용은 포함되어 있지 않다. 이 지식은 종합 명제인데도, 항상 참(선천적)이다.

보이는 대로 보는 것이 아니라, 보는 대로 보인다

사물이 경험되는 대로 지식을 얻는 것이라면, 항상 참임을 안다

고 할 수가 없다. 하지만 인식대상인 사물을 보는 대로 지식이 만들어진다면, 항상 참임을 알 수가 있다. 사과가 빨간색이라서 빨갛게 보인다고 하면, 항상 참일 수 없다. 하지만 사과를 빨갛게 보기에 빨갛게 보인다고 하면, 항상 참일 수 있다.

물자체와 현상

세계에 대한 지식이 안경(인식 형식)을 통해 만들어진 것이라면, 인식하기 전의 본래 세계는 어떤 것일까? 사물은 경험되는 순간, 인간이 선천적으로 갖고 있는 안경(인식 형식)에 의해 구성(오염)된다. 사물의 원래 모습(물자체)이 아니다. 인간에게 지식을 제공하는 물자체가 있기는 하지만, 결코 인간은 그 본래 모습을 알 수가 없다는 의미다. 인간이 알고 있는 세상은 인간의 안경에 의해 만들어진 현상에 불과하다.

동성애

1993년 동성애자인 해머는 40여 가계를 조사 대상으로 한 연구에서 X염색체에 있는 유전자와 남성 동성애 사이에 상관관계가 높다고 발표하였습니다. 서구 언론들이 동성애 유발 유전자를 발견했다며 대서특필했고, 그 바람에 사람들은 동성애가 유전이라고 믿게 되었습니다. 그러나 1999년 라이스의 조사(80여 쌍을 대상으로 한 연구), 2005년 해머가 함께 참여한 조사(450여 명을 대상으로 한 연구)에서는 상관성이 없는 것으로 판명이 났습니다.

2012년 GWAS 조사(24,000여 명을 대상으로 한 연구)에서도 동성애 유발 유전자는 발견되지 않았습니다. 2018년 GWAS 조사(50만여 명 대상으로 한 연구)에서 동성애 행동자에게서 좀 더 나타나는 유전자 변이를 찾았습니다. 이 유전자 변이들은 정신건강 장애자와 섹스파트너가 여럿인 이성애자에게서도 많이 나타났습니다. 그러나 여자 동성애 행동자에게서는 별다른 차이가 발견되지 않았습니다.

여전히 선천적인 동성애자와 후천적인 동성애자가 따로 있으며, 선천적 동성애자는 유전 탓이기에 고칠 수 없다고 주장하는 사람들이 있습니다. 그러므로 동성애를 비정상이라고 규정하는 것은 인권 탄압이라고 말합니다. 인간이 애정을 느끼는 데 있어서 그 애정의 대상이 이성이냐 동성이냐에 따라 달리 취급하는 것은 부당한 차별입니다. 사람 좋아하는데 왜 차별이 있어야 하는가요? 동성애는 틀린 것이 아니라, 단지 다른 것입니다. 시대적인 합의에 의해서 틀린 것으로 정해졌을 뿐입니다.

만약에 동성애 유전자라는 게 있다면, 동성애자들은 시간이 흐를수록 점점 소멸해야 합니다. 유전자를 이어 줄 후손을 생산할 수 없기에 그렇습니다. 그런데 동성애는 인류 역사 수천 년이 흘렀음에도 여전히 일정 비율로 남아 있습니다. 동성애자들이 자기 유전자의 존속을 위해서 의도적으로 원하지도 않은 이성 상대와의 임신을 기획해서 유전자를 존속시켰던 것일까요?

일란성 쌍둥이는 같은 유전자를 가지므로 아주 높은 동성애 일치 비율을 가져야 합니다. 그런데 최근 연구들을 보면, 일치 비율이 대략 10% 정도로 나옵니다. 10%도 전부 선천적이라고 볼 수도 없습니다. 왜냐하면 쌍둥이는 같은 부모와 같은 환경에서 자라기에 후천적 영향도 동일하게 받기 때문입니다. 선천적인 영향과 후천적 영향 모두를 합쳐도 일치 비율이 10% 정도입니다.

예전에는 두뇌가 태어날 때에 정해진다고 생각했습니다. 그러나 지금은 반복과 학습 등을 통해서 두뇌 구조가 변할 수 있다고 봅니다. 어떤 행동을 반복하느냐에 따라 연관된 뇌의 신경망이 커졌다가 그 행동을 그만두면 원래 상태로 돌아갑니다. 심지어 마음으로만 어떤 생각을 반복 연습을 해도 두뇌에 변화가 일어납니다. 인터넷 게임 중독은 두뇌 활동만을 했는데도 뇌에 변화를 일으킵니다. 특정한 성행위를 하는 상상을 자주 반복적으로 해도 두뇌 구조에 변화가 생길 수도 있다는 얘기입니다.

어떤 철학자들은 인간의 본성이 악하다고 했습니다. 과연 본성상 악이 인간에게 선천적이라고 해서 인간의 악한 행동이 정당화

될 수 있는 것인가요? 악한 행동은 개인의 생명과 사회의 건강한 생존에 위협이 되기에 제재되어야 합니다. 그래서 윤리와 법이라는 게 있는 것입니다. 만일 동성애 유전자가 있다면, 게임이나 술이나 마약이나 섹스나 도박이나 연쇄살인이나 폭력 등과 연관된 유전자도 있지 않을까요? 그렇다면 그러한 행위도 정당화되어야 하는 건가요?

부자간, 모녀간, 형제간, 자매간, 동성 친구 간, 동성 사제 간의 애정을 동성애라고 하지 않습니다. 어른과 아이, 주인과 반려견 사이의 애정을 아동성애나 동물성애라고 하지 않듯이 말입니다. 그 이유는 그들 사이에 성기에 대한 욕구가 없기 때문입니다. 동성애는 사람에 대한 애정의 문제라기보다는 성기에 대한 욕구의 문제입니다. 성욕을 성취하기 위해서 어떤 성기를 더 선호하느냐가 관건인 겁니다.

동성애는 인권 문제가 아니라, 신체의 올바른 사용법 문제라고 주장하는 사람들이 있습니다. 동성애는 생물학적으로 신체의 기능을 역행하는 행위입니다. 의학적으로는 에이즈 등 감염병에 취약하고 변실금 등을 유발함으로써 개인의 건강을 해치는 행위입니다. 사회학적으로는 인간이라는 공동체사회의 종족 보존을 위해서 필요한 임신과 출산을 거스르는 행위입니다. 결론적으로 동성애는 신체의 생물학적인 기능과 충돌하기에 역기능적인 신체사용 방식입니다. 또한 개인과 사회의 건강한 생존을 거스르기에 반생명적인(반인권적인) 욕구성취 방식입니다.

인권

우리는 같은 세상에서 살아가고 같은 사건을 바라보고 있습니다. 그런데도 세상에서 벌어지고 있는 사건에 대한 생각이 사람마다 다릅니다. 왜 그런 것일까요? 문제는 그 사건을 바라볼 때 사람들이 쓰고 있는 안경의 색깔이 다르기 때문입니다. 파란색 안경을 끼고 보면 세상이 파랗게 보이고, 빨간색 안경을 끼고 보면 세상이 빨갛게 보이게 마련입니다. 그래서 서로 같은 대상을 말하고 있음에도 불구하고 전혀 다른 얘기를 하기도 하는 일들이 벌어집니다. 서로 다른 얘기를 하고 있다면, 과연 저 사람이 끼고 있는 안경이 어떤 것인지를 살펴볼 필요가 있는 것이지요.

동성애를 얘기하면서 한쪽은 인권이라고 하고 다른 쪽은 반인권이라 말합니다. 인권이라고 말할 때 그 인권이라는 개념에 담겨 있는 안경(관점, 전제)은 어떤 색깔일까요? 인권을 무엇으로 정의하고 있는지를 정확히 파악하면, 그 사람의 논리가 보이기 시작합니다. 사과에 대해서 평을 하고 있는데, 한 사람은 빨간 사과를, 다른 사람은 푸른 사과를 머리에 그린 상황에서 얘기하고 있다면, 어떤 일이 벌어지겠습니까? 얘기가 잘되는 것 같다가도 어느 순간 갑자기 전혀 서로 다른 결론에 이르는 일이 벌어지게 됩니다.

인권은 말 그대로 인간의 권리입니다. 인간의 권리는 무엇입니까? 사람들은 자기가 하고 싶은 것을 못하게 할 경우에, 인권 침해라며 반발하기도 합니다. 머리를 기르고 싶은데, 학교에서 머리를 자르라고 합니다. 안 잘랐더니 교사가 강제로 머리를 잘라 버립니다. 예전에는 이것이 통했습니다. 요즘은 학생 인권 침해라며 비난을 받습니다. 인간이 가지고 있는 욕망이 본인 의사에 반해서 강제로 제재당하지 않아야 한다는 것입니다. 인권의 뿌리가 욕망에 있다는 얘기입니다. 인권은 욕망을 성취할 권리라는 것이죠.

강제 수용소나 형무소나 기숙사 같은 곳에서 끼니때에 먹을 것을 제대로 주지 않는다면, 이를 두고서 인권 침해라는 말을 사용합니다. 인류 역사에는 종종 정신 지체가 있는 사람에게, 혹은 범죄 경력이 있는 사람에게 국가가 강제로 불임수술을 하는 일이 있었습니다. 건강하지 못한 유전자가 사회에 확산되고 유전되는 것을 막겠다는 것입니다. 인간이 가지고 있는 가장 기본적인 욕구인 식욕과 성욕에 대해 제재를 하는 것입니다.

식욕이나 성욕 자체가 생명체의 목적은 아닙니다. 욕구는 생명의 유지를 위한 수단입니다. 식욕은 생명체의 생존(건강)을 유지하기 위해서 필요합니다. 성욕은 종족의 보존(임신·출산)을 위해서 필요합니다. 만일 식욕이 사람의 건강을 해치는 쪽으로 가면 당연히 그 식욕은 절제되어야 합니다. 그게 인권을 지키는 길입니다. 동물들도 개체 수가 많아지면 임신이 줄어듭니다. 열악한 환경에 직면해서 종족을 보존하기 위한 대응(적응)입니다. 식욕이나 성욕과 같은 육체적 욕구는 생명의 건강한 생존에 도움이 될 때에야 비로소 인권이 될 수 있다는 얘기입니다. 인권의 뿌리는 욕구가 아니라, 생명에 있는 것입니다. 인권은 생명을 건강하게 유지할 권리인 것이죠.

인권을 욕망의 성취로 보느냐, 인권을 생명의 유지로 보느냐는 관점은 일종의 안경(전제)에 해당합니다. 어떤 안경을 끼고서 동성애를 바라보느냐에 따라 전혀 다른 결론이 나오게 됩니다. 그렇다면 두 안경 중 어느 것이 더 옳으냐, 혹은 더 바람직하냐, 혹은 더 본질적이냐, 혹은 더 우선적 가치이냐를 따져 보아야 비로소 제대로 된 결론에 도달할 수가 있습니다.

사실 동성애 논쟁은 동성애 자체에 대한 논쟁이 아니라, 인권을 바라보는 두 가지 안경 중 어느 것이 더 옳으냐, 더 본질적이냐, 더 바람직하냐에 대한 논쟁인 것입니다.

07
나는 왜 나일까?
관념론과 유물론

교통사고를 당한 뒤 철수와 영희의 신체가 바뀌었다.
몸은 철수인데 정신은 영희가 된 것이다.
이 사람은 철수인가, 영희인가?

이런 상상을 한번 해 볼까요? 갑돌이와 갑순이가 강원도로 단풍 구경을 떠났습니다. 새로 장만한 차를 몰고 기분 좋게 나들이를 떠난 겁니다. 갑돌이는 새로 난 터널 대신에 예전 길로 가 보고 싶었습니다. 높은 고개를 넘으며 풍경도 감상하고 휘어져 돌아가는 길을 상대로 자신의 운전 실력을 즐기고 싶었던 것이죠. 구불구불 이어지는 길을 능숙하게 휘돌아가다 보면, 마치 어떤 경지에 오른 것 같은 기분에 젖어듭니다. 옆에 앉아 있던 갑순이가 걱정을 하며 천천히 가자고 합니다. 그 말을 들으니 더 자신감이 꿈틀댑니다. 이 정도는 얼마든지……. 멋들어지게 핸들을 꺾어 도는 순간 조금씩 차가 중앙선 쪽으로 미끄러지는데, 갑자기 앞에 큰 차가 떡하니 나타났습니다. 상대 차도 신나게 커브 운전을 하고 있었던 모양입니다. 눈 깜짝할 순간 엄청난 충격과 함께 차가 튕겨 나가더니 벼랑 밑으로 굴렀습니다.

다행스럽게도 두 사람 모두 생명은 건졌습니다. 그런데 문제가 생겼습니다. 갑돌이는 몸이 멀쩡한 반면, 머리 부분을 크게 다쳐서 회생이 어려운 상태입니다. 반면에 갑순이는 머리는 말짱한데 몸이 거의 망가져서 움직이지도 못합니다. 이러다가는 두 사람 모두 생명을 잃을 것 같습니다. 결국 가족들과 협의 끝에 갑순이의 머리와 갑돌이의 몸을 결합하여 살리는 쪽으로 결론을 내렸습니다. 국내에서 내노라는 최고의 의료진들이 모여 수술을 계획하고 마침내

성공리에 수술을 끝마쳤습니다. 두 사람의 머리와 몸이 하나가 되어 생명을 이어가게 된 것입니다.

그런데 이렇게 살아난 갑순돌이는 남자일까요? 여자일까요? 사람들은 갑순돌이를 보고 망설임 없이 남자라고 말합니다. 몸의 신체구조가 남자이기 때문입니다. 하지만 머리는 여자였던 갑순돌이는 자꾸만 여자 화장실로 가려 합니다. 그러자 화장실에 있던 여자들이 기겁을 하며 난리를 칩니다. 그렇다고 남자 화장실을 들어가려니 마음이 영 편치가 않습니다.

과연 남자인지, 여자인지 갑순돌이로서는 도무지 갈피를 잡을 수가 없습니다. 신체적 외모는 남자 몸이 되었지만, 여자로서 생각해야 할까요? 아니면 여자라는 생각을 지워 버리고 남자라고 생각해야 할까요?

 헤겔 선생 왈,

"정신이 없으면 물질도 없어. 정신이 인식하지 않는 물질이 어떻게 있을 수 있나? 그 시대정신이 어떠하냐에 따라서 인간 역사가 변해 가는 것이지. 위대한 정신이 위대한 문명을 만들어 가는 거잖아. 인간의 정신이 없었다면 우리가 지금 누리고 있는 모든 문명들이 어떻게 있을 수 있었겠어. 정치제도나 경제제도나 석굴암과 같은 문화유적이나 인터넷, 핸드폰 등의 문명이기와 같이 인간이 누리는 물질적 조건을 만들어 내는 것은 정신이야.

그렇다면 인간 문명(정신) 이전에 있는 우주와 자연법칙과 인간을 포함한 생물 유전자 등은 어떻게 존재하게 되었냐고 묻고 싶겠지? 거대한 쇼핑몰을 가득 채우고 있는 오만 가지의 물건들과 쇼핑몰이라는 복잡한 시스템이 인간 정신에서 기원하는 것이잖아. 그렇다면 지구라는 자연을 가득 채우고 있는 온갖 것들과 그 지구라는 자연이 안정적으로 유지되게 하는 복잡한 시스템은 어디서 기원하겠어? 그건 바로 신의 정신이야. 세계는 신의 정신에 의해 만들어진 결과인 셈이지. 자연과 생명과 법칙은 신의 정신에 그 기원을 두고 있어."

 마르크스 선생 왈,

"이 세계에 실재하는 것은 물체뿐이야. 우리가 보고 만질 수 있는 물질만이 진짜로 있는 것이라는 말이지. 우리의 생각 속에 담겨 있는 모든 관념들은 인간의 두뇌라는 물체가 일으키는 현상에 불과해. 마치 선풍기가 바람을 일으키고, 라디오가 소리를 내듯이 말이야. 두뇌라는 물질이 없으면 우리의 정신이 갖고 있는 모든 지식도 함께 사라지는 거야. 내가 남자냐 여자냐는 생각은 우리의 두뇌와 유전자와 몸의 구조 등을 통해 얻어진 결과야. 예전에는 여자 몸이었으니까, 여자라고 생각했던 것 아니겠어? 이제 남자 몸이라면 당연히 그 몸을 보고 자신은 남자라는 생각이 만들어지는 것이지. 인간의 정신은 그 정신을 둘러싸고 있는 물질적 상황(신체 구조, 경제적 상황, 하는 일 등)에 따라 변하게 마련이야.

정신이란 게 물질과 상관없이 영원히 존재하는 게 아니라고. 우리 몸, 즉 두뇌가 사라지면 정신도 사라져. 우리 정신이 갖고 있는 모든 내용들은 우리 몸의 조건과 우리 몸이 머물고 있는 환경조건 등에 따라 만들어지는 것일 뿐이야."

행복은 성적순?

이번 시험 성적은 정말 최악이었다. 갑돌이는 집에 들어가고 싶지가 않았다. 성적표를 기다리고 있을 엄마 얼굴이 자꾸 떠올랐다. 이럴 줄 알았으면, 좀 더 열심히 할걸. 아니 차라리 시험 때 아파서 누워 버렸더라면……. 어떻게 해서든 할 수만 있다면, 성적표를 고치고 싶었다. 악마에게 영혼을 팔아서라도 성적표를 뜯어고칠 수 있었으면 좋겠다.

성적표를 받아든 엄마의 얼굴이 어둡게 변했다. 도무지 믿을 수 없다는 듯이 뚫어져라 성적표를 바라보고 계셨다. 뭐라 말도 않고 넋이 나간 듯한 표정이었다. 옆에서 눈치를 살피던 할머니는 이내

고개를 돌리며 눈물을 훔치셨다. 당장 어디로든 도망치고 싶었다. 오늘 밤에 아빠 얼굴은 또 어떻게 보나? 나 하나 때문에 온 식구가 불행해지는 걸 더 이상 감당할 수가 없을 것 같다. 나 하나만 없어지면 되는데…….

부모에게 좋은 자녀란 도대체 어떤 조건을 갖추어야만 도달할 수 있는 걸까요? 학교 시험 성적표라는 것이 좋은 자녀로 인정받을 수 있는 결정적 조건인 집이 있습니다. 부모는 자녀의 성적표에 의해 자신의 행복과 불행이 결정된다고 믿는 거지요. 그래서 종종 "남의 집 애는 공부를 곧잘 하더구만, 우리 집은 왜 이 모양인가"라며 한숨을 짓기도 합니다. 좋은 성적이 곧 좋은 자녀인 셈입니다. 부모가 기대하는 바를 성취하지 못하면 자녀는 가치가 없는 존재인가요?

좋은 부모를 결정하는 기준은 뭘까요? 돈이 많아서 자녀가 원하는 대로 모든 걸 다 해 주어야 할까요? 아니면 남들이 부러워하는 직업을 가져야 하는 걸까요? 부모를 향해서 "도대체 나한테 해 준 게 뭔데?"라며 원망하는 자녀가 있습니다. 남의 부모들은 유명 브랜드 옷에 최신형 핸드폰에 용돈도 팍팍 주는데 나는 왜 이 모양이냐는 거지요. 빌 게이츠의 아들로 태어났더라면, 인생이 이렇지 않았을 거란 생각을 해 보기도 합니다.

자녀의 욕구를 다 채워 주지 못하면 부모는 가치가 없는 존재인가요? 부모가 기대하는 만큼 성적을 받지 못하면 자녀는 가치가 없는 존재인가요? 공부 잘하는 자녀라는 것이 부모의 인생 가치를 가르는 결정적 조건일까요? 원하는 바를 다 들어 줄 만큼 돈이 많은 부모라는 것이 자녀의 인생 가치를 가르는 결정적 조건일까요? 자녀가 기대하는 바를 채워 주지 못하는 부모나 부모가 기대하는 성적을 내지 못하는 자녀는 불행의 원인을 제공하는 자가 되는 건가요?

성적이나 재산이나 학벌 같은 물질적 조건이 인간의 가치를 결정한다(정신을 지배한다)는 입장에서라면 그렇다고 말할 수도 있습니다. 재산이 얼마냐, 어떤 지역에 사느냐, 학교에서 몇 등이냐 등이 행복을 결정합니다. 내 인생의 가치는 내가 태어난 가정환경이 결정하는 것이고, 내 불행은 나의 환경(부모) 탓입니다. 아마도 이런 생각을 할 것 같습니다. '하필 왜 이런 집 자식으로 태어났을까?' 부모 역시 마찬가지이겠지요. '왜 이런 아이가 내게서 태어났을까?'

반면에 정신이 인간의 가치를 결정한다(물질적 조건을 지배한다)는 입장에서라면 결코 그렇지 않다고 말할 것입니다. 알코올중독자인 아버지 밑에서 함께 자라났지만, 형은 정신질환자가 되었고 동생은 시장이 되었습니다. 인생은 타고난 물질적 환경이 아니라, 그 환경을 대하는 개인의 정신에 따라 결정됨을 보여 줍니다. 비록 주어진 물질적 조건(환경)이 같다 할지라도, 정신이 그 조건을 어떻게 다루느냐에 따라 전혀 다른 물질적 조건(환경)을 만들 수 있다는 것입니다.

물이 반 잔 들어 있는 컵을 보면서 두 가지 입장을 취할 수 있습니다. "컵에 물이 반 잔밖에 없네." 주어진 상황이 절망적입니다. 불행한 거지요. 더 나아질 것 같지도 않습니다. 반면에 이렇게 말할 수가 있습니다. "컵에 물이 반 잔이나 남았네." 주어진 상황이 희망적입니다. 행복한 거지요. 지금도 이 정도면 만족스럽지만, 지금보다 더 나은 무엇인가를 계속 만들어 갈 수도 있습니다. 현재뿐만 아니라 미래도 희망적으로 바라볼 수 있게 됩니다. 당연히 시너지 효과가 나타나겠지요

 헤겔

현실적인 것은 이성적이고, 이성적인 것은 현실적이다

물자체를 알 수 없다는 것은 문제가 있다. 인식의 원천인 대상(물자체)을 전혀 모른다는 것인가? 인간 정신은 절대정신(신)에서 온 것이다. 따라서 인간 정신은 절대정신(신)이 인식(창조)하는 방식으로 세

계를 인식한다. 현실적인 것(인간이 구성한 세계)은 이성적이며, 이성적인 것(절대정신이 창조한 세계)은 현실적이다. 세계는 정신의 산물인 것이다.

변증법(정, 반, 합)

세상에 있는 모든 사물(존재자)은 서로 다른 모습을 갖고 있음에도 그것들이 존재한다는 점에서는 동일하다. 존재라는 속성을 공유하고 있다. 존재에는 아무런 내용도 없다.

만일 존재에 어떤 내용(빨강, 동그라미 등)을 담는 순간 존재자가 되며, 모든 사물이 공유하는 존재(순수존재)는 아니다. 순수존재에는 아무런 내용도 없다. 그렇다면 비존재(없음)이다. 존재에는 비존재가 포함되어 있는 것이다. 모순이다.

내가 나를 인식하려면, 나 아닌 것을 가정해야 한다. 내가 나에 대해 인식하는 순간, 나 아닌 것을 생각하는 것이다. 나 아닌 것은 결국 내가 만들어 낸 것(내 정신 안에 있는 것)이니 나인 것이다. 모순이다. 내 안에는 나 아닌 것이 대립하고 있다.

정신의 사고 과정에서 나타나는 방식이 현실 세계에도 그대로 적용된다. 세상 모든 것은 자기 아닌 것을 전제로 성립하게 된다. 나와 나 아닌 것이 갈등하며 함께 있는 것이다. 그래서 세계는 늘 모순과 갈등 가운데 있다. 그 갈등과 모순을 해결하면서 새로운 합에 이른다. 이런 과정의 반복이 세계가 존재하는 방식이다. 그 최종 목적지는 절대정신이다. 현실 세계 존재방식과 정신의 사고방식은 동일하다. 그 방식은 정(正), 반(反), 합(合)이다. 즉 나(正), 나 아닌 것(反), 더 큰 나(合)로의 진행이다.

 유물론

실재는 물질이다

물질은 정신 외부에 있는 것이다. 정신은 대뇌의 피질(물질)이 일으키는 작용이다. 인간 정신의 놀라운 능력은 뇌라는 물질이 발전(진화)한 결과일 뿐이다. 따라서 인간 정신의 기원은 절대정신(신)과 같은 인간 정신 밖에 있는 무엇이 아니다. 정신의 내용은 인간이 처한 환경에 따라 만들어진다. 환경이 바뀌면 정신 내용(사상, 가치관 등)도 바뀌게 마련이다. 정신은 물질(두뇌)의 산물인 것이다.

하부 구조와 상부 구조

인간 사회는 상부 구조와 하부 구조로 되어 있다. 하부 구조는 물질적 환경(물질 생산 구조/경제 질서)으로서 역사를 발전시키는 원동력이다. 상부 구조는 종교, 법률, 정치, 윤리 등 정신적 이념이나 제도이다.

물질 생산을 둘러싼 인간관계(자유민/노예, 영주/농노, 자본가/노동자)는 생산력의 변화(새로운 자원, 생산 기술의 발견)에 따라 변한다. 이념이나 사상이나 제도는 그 시대의 물질적인 환경(하부 구조)에 의해서 생겨난다. 정의와 자유와 민주주의와 종교구원도 기존의 물질적 질서(경제 구조)를 유지하려는 지배계급의 욕구를 반영한 것이다.

어른 되기?

청소년기에는 술 마시고 담배 피우는 것이 자랑처럼 여겨지기도 합니다. 어른들이 하는 것을 따라 함으로써 어른과 동등해진다고 느끼는 거지요. 담배 피우고 술 마시고 섹스를 함으로써 어른이 되는 것일까요? 그냥 무의미한 흉내 내기일 뿐입니다. 그것은 마치 TV 광고 모델이 입고 있던 옷을 사서 입는다고 해서 그 광고 모델과 같은 몸매가 되는 것이 아닌 것과 같습니다. 동일시 착각에 빠져서 현명하지 못한 소비인 충동구매를 하고 있을 뿐입니다.

술을 마시든 담배를 피우든 섹스를 하든, 그런 행동들 자체는 어른이 되는 것과 상관이 없습니다. 자기 욕망대로 행동하는 것이지요. 동물들도 다 그렇게 합니다. 본능이 시키는 대로 그냥 행동하는 것입니다. 어른이 된다는 것은 자기 행동에 대해 의미를 따지고 책임질 줄 안다는 것입니다. 욕망이 원하는 행동들이 인생에 어떤 유익을 주는지, 정말 가치 있는지를 잘 판단하여 적절하게 선택할 줄 아느냐가 중요한 것이지요.

어른이 된다는 것은 단순히 육체적으로 나이를 먹음을 뜻하는 것이 아닙니다. 단순히 미성년 관람 불가를 맘대로 시청하는 것을 의미하는 게 아니라는 말입니다. 어른이 된다는 것은 정신적으로 철이 드는 것입니다. 한 번뿐인 자기 인생에 대해 책임의식을 갖고, 함께 사는 가족이나 사회 공동체를 돌볼 줄 알게 되는 것입니다.

어른이 되는 데는 육체보다는 정신이 더 중요한 조건입니다. 그래서 나이는 먹었는데도 철이 들지 않은 사람을 일컬어, 어른답지 못하다거나 아직도 철딱서니가 없다고 말들 합니다. 어른다운 성숙한 생각을 갖게 될 때, 어른다운 책임 의식을 갖고 행동하게 될 때, 비로소 진정한 어른이라고 할 수 있기 때문입니다.

자존감

플라시보 효과라는 게 있습니다. 실제로 효과가 없는 가짜 약을 마치 특효약인 것처럼 위장해서 환자에게 주었습니다. 환자는 그 약이 병을 낫게 할 것이라 믿고 복용을 합니다. 그랬더니 실제로 병세가 호전되는 현상들이 나타납니다. 교사에게 새로 맡은 반 학생들 중 일부에 대한 거짓 정보를 주었습니다. 몇몇 아이를 가리키며 수재라고 암시를 주는 겁니다. 그랬더니 나중에 그 아이들의 성적이 향상되는 현상이 벌어졌습니다.

여자 친구에게 차인 상황에서 주고받은 카톡 내용입니다.

약 올리려는 친구에게 별 다른 감정을 드러내지 않았지요. 오히려 친구가 약이 올랐을 것 같습니다. 권투할 때 가장 힘 빠지는 것

중 하나가, 상대방 선수가 아무리 맞아도 표정에 변화가 없는 것이 랍니다. 공격을 해도 공격이 되지 않는 게 너무 힘든 것이지요.

비슷한 경험들이 있을 겁니다. 가족이나 외모나 성적이나 입는 옷이나 어떤 사건 등으로 놀림의 대상이 되는 경험 말입니다. 그런 놀림의 대상이 되면 무척 힘이 들지요. 그런데 사실은 정말 사람을 힘들게 만드는 것은, 그런 상황 자체가 아닙니다. 그런 상황에 대한 자기의 부정적인 생각과 반응입니다. "왜 내게 이런 일이? 난 정말 재수가 없어."

이성 친구에게 이별을 통보받았습니다. 한 사람의 반응은 이렇게 흘러갑니다. 내가 뭘 잘못했나를 곱씹으면서 계속해서 지난 기억들을 리플레이하느라 밤을 지새웁니다. 뭔가 이전으로 돌이킬 수 있는 방법이 있을 거라며 계속 미련을 갖고 매달리는 것이지요. 그러다가 지치면 상대방에게 원망과 저주를 퍼붓습니다. "그런 지는 뭐가 그렇게 잘나서! 벼락이나 맞아라."

또 한 사람의 반응은 좀 다르게 진행됩니다. 원하지도 바라시도 않았던 상황에 직면한 것은 마찬가지입니다. 그래서 마음 역시 많이 힘들지요. 하지만 그 상황을 내 탓이라 여기지는 않습니다. 반드시 다시 돌이켜야 한다고 고집하지도 않습니다. "뭔 이유가 생겼나 보지. 인연이 아닌 거야. 추억 하나 만들었네." 내 탓이 아니라, 상대방에게 무슨 변화가 생겼기 때문이라고 생각하는 것이지요.

사귀다가 갑자기 버림받았을 때, 슬픔과 괴로움을 느끼는 마음은 다 비슷합니다. 하지만 시간이 흐르면서 한 사람은 부정적인 생각과 감정에 점점 더 빠져듭니다. 다른 한 사람은 마음을 가다듬고 돌아서서 서서히 놓아 버립니다. 어느 편이 내 인생에 더 유익할까요? 당연히 후자입니다. 어디 그게 생각처럼 맘대로 되느냐고요? 세상에서 맘대로 되는 게 어디 있기나 하나요? 그렇다고 전혀 안 되는 것도 아니지요. 어찌 되었든지 간에 노력을 통해서 할 수 있는 만큼 해 볼 뿐입니다.

이런 경우를 생각해 볼까요? 시장에서 장사하는 홀어머니를 둔 학생이 있습니다. 친구와 가다가 우연히 초라한 옷차림의 어머니와 마주쳤습니다. 친구에게 소개할까요? 아니면 모르는 척 피해 갈까요? 똑같은 상황에 놓이더라도 사람마다 전혀 다른 반응이 나올 수 있습니다. 인간의 행동을 결정하는 것은 주어진 상황이 아닙니다. 그 상황을 어떤 생각을 가지고 다루느냐는 정신의 문제이기 때문입니다.

꽤나 유명한 얘기가 있습니다. 알렉산더가 역사상 유래가 없을 만큼 넓은 땅을 정복하던 시절, 알렉산더만큼이나 사람들의 관심을 받는 이가 있었습니다. 디오게네스라는 철학자였습니다. 그의 유일한 재산인 집은 나무로 된 둥근 술통이었습니다. 이사를 갈 때면 그가 술통을 굴리고 가는 진풍경이 벌어졌지요. 황제 알렉산더와 비교하자면 디오게네스는 한마디로 거지였던 셈입니다.

디오게네스의 명성을 알고 있던 알렉산더가 그를 한 번 보고자 하였습니다. 하지만 디오게네스가 알렉산더의 궁궐을 찾아올 리가 없었습니다. 그래서 알렉산더가 친히 디오게네스가 있는 곳을 찾아갔습니다. 알렉산더가 술통 집에 도착했을 때, 마침 디오게네스는 세상 편하게 낮잠을 즐기고 있었습니다. 알렉산더는 말에서 내려 그를 보기 위해 다가갔습니다.

"나는 대왕 알렉산더다."

"저는 디오게네스입니다."

"그대는 나를 두려워하지 않는가?"

"대왕께서는 선한 자입니까?"

"그렇다."

"그렇다면 제가 선한 자를 무엇 때문에 두려워하겠습니까?"

"그대가 원하는 것이 있다면 내게 말해 보라. 무엇이든 들어주겠다."

"제게 비치는 햇빛이 가려지지 않도록 좀 비켜 주시면 고맙겠습니다."

신하들이 그 당돌함에 화를 내었습니다. 그러나 알렉산더가 그들을 말리면서 한마디 하였습니다.

"내가 만일 알렉산더가 아니었더라면, 디오게네스가 되었을 것이다."

두 사람의 만남은 정말 특이한 상황이었습니다. 세상에서 가장 많이 가진 자와 세상에서 가장 적게 가진 자의 만남이었으니까요. 그런데 가장 많이 가진 자인 알렉산더가 가장 적게 가진 자인 디오게네스를 만나서 자기에게는 없는 어떤 아름다움을 발견한 것입니다. 정복자 알렉산더와는 전혀 다른 차원의 세상을 사는 사람을 보게 된 것입니다.

두 사람의 만남은 세계 정복이라는 욕망의 사로잡힌 알렉산더와 인간의 욕망을 넘어선 디오게네스의 만남이었던 것입니다. 유명 브랜드 옷과 비싼 명품들을 소유함으로써 인간의 가치가 결정되는 것일까요? 아니면 그런 것들을 다루는 인간의 정신 수준에 의해서 그 인간의 가치가 결정되는 것일까요?

"나는 아무것도 가진 것이 없다는 풍요로움을 누리고 있다. 진정한 마음의 평안은 많이 소유하는 것에서 얻어지지 않는다. 적게 가진 것만으로도 만족하는 데에서 얻어진다. 적게 구하라, 그러면 너는 얻을 것이고, 만족할 것이다. 많이 구하라, 그러면 너의 갈망은 영원히 멈추지 않을 것이다. 아무것도 필요로 하지 않는 것이 신의 뜻이며, 필요한 것이 적을수록 자유로운 인간이다."(디오게네스)

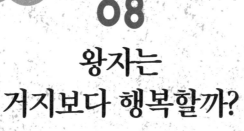

08
왕자는
거지보다 행복할까?
실존과 해체

사람들은 부자가 거지보다 행복하다고 한다.
그런데 왜 부자가 자살을 하고,
거지는 살려고 애를 쓸까?

사람들은 부자가 거지보다 행복하다고 합니다. 아무런 의심 없이 돈이 많은 부자는 삶이 즐거울 것이고, 거지는 삶이 고통스러울 것이라는 결론을 내립니다. 그런데 왜 행복할 것 같은 부자가 자살을 하고, 불행할 것 같은 거지는 살려고 애를 쓰는 것일까요?

미국 갑부가 극단적 선택을 했습니다. 그런 돈을 가져 본 적이 없는 사람들은 이해할 수가 없습니다. 뭐든 다 할 수 있었을 텐데. 왜? 돈이 필요한데 없어서 불행하다는 것은 이해가 가는데, 돈이 너무나도 많은데 불행하다니.

그는 겉보기에 세상 부러울 것이 없는 사람이었습니다. 18세 때 6억 달러(약 7,200억 원)의 재산을 상속받았습니다. 빌 클린턴 전 미국 대통령의 열렬한 후원자이자 가까운 친구였습니다. 개인용 제트기를 소유했고, 항상 아름다운 여성들이 그의 주변에 끊이지 않았습니다. 그는 마이크로소프트의 창업자인 빌 게이츠와 주식 투자의 대가인 워런 버핏이 주도한 기부 서약에도 참여하였습니다.

이 세상 누가 보더라도 부러워할 만한 생활을 했던 그가 보기와는 달리 그리 행복하지 않았나 봅니다. 그의 친구는 잡지와의 인터뷰에서 밝혔습니다. "그 친구는 아마도 우리가 아는 한, 가장 매력적이고 배려심이 많고 너그러운 인물이었을 겁니다. 아름다운 여성들을 좋아했지만 관계가 잘 풀리지는 않았습니다. 수년간 꽤 어두운 시절을 보냈고 정신질환과 조울증으로도 고통을 받았습니다.

그의 죽음에 친구들은 모두 엄청난 충격을 받았지만, 슬프게도 그리 놀라운 소식은 아니었습니다."

　미국 각 주의 삶의 만족도와 자살률을 비교한 연구가 있습니다. 그 결과, 삶의 만족도가 높으면 역설적으로 자살률도 높고, 삶의 만족도가 낮으면 자살률도 낮게 나왔습니다. 선뜻 이해가 잘 안 됩니다. 보통 경제력이 좋고 삶의 만족도가 높으면 자살은 생각지도 않을 것 같은데 말입니다. 연구 결과는 오히려 그 반대라는 얘기입니다. 그 이유는 부유한 지역에 사는 사람들일수록 남들과 비교하는 경향이 높기 때문이라고 합니다. 남과의 비교는 상대적인 박탈감을 키우게 되고 그로 인해서 삶을 비관하게 되기가 쉽다는 것입니다.

　유럽인의 소득 비교 의식과 삶의 만족도를 조사한 논문에서도 비슷한 결과가 나왔습니다. 똑같은 월급을 받아도 남의 월급과 비교하는 데에 연연하는 사람은 삶의 만족도가 떨어진다는 것입니다. 특히 잘사는 지역의 사람들일수록 남과 비교를 많이 하였습니다. 그 결과 쉽게 현실을 비관해서 스스로 목숨을 끊는 비율이 더 높게 나왔습니다. 남과 비교하지 않고 자신의 처지를 담담하게 받아들이는 것이 정신건강에 좋을 것 같습니다. 반지하나 옥탑 방에 살고 있다 해도 스스로 만족할 수 있다면 행복한 사람인 것입니다. 행복하다는 것은 곧 성공했다는 의미이기도 합니다. 결국은 우리가 행복해 보겠다고 그렇게들 성공을 꿈꾸고, 벼락 맞은 연애를 갈망하고, 온갖 비싼 명품을 가지려고 하는 것 아니겠습니까?

나의 꿈

사람들은 누구나 행복을 꿈꿉니다. 내가 행복해지기 위해 필요한 것들은 무엇일까요? 새로 나온 핸드폰을 사면 행복합니다. 새 신발이나 새 옷을 사면 행복합니다. 그래서 우리는 돈이 많으면 행복해질 것이라는 생각에 많이들 동의합니다. 만일 내가 개인용 비행기를 소유할 정도로 부자인 부모에게서 태어났다면, 내 인생은 정말 너무나도 행복할 거라는 상상을 할 수도 있습니다. 돈, 외모, 애인, 인기……. 무엇이 얼마나 더 있어야 인간은 행복해질까요? 도대체 누구에게나 적용될 수 있는 행복의 객관적인 기준이라고 할 만한 것이 세상에 있기는 한 것일까요?

우리 주변에서는 가끔씩 예상치 못한 일들이 발생하곤 합니다. 전교 1등에서 5등으로 떨어졌다고 자살하는 아이가 있습니다. 반면에 맨날 성적이 꼴찌인데도 잘만 살아가는 아이가 있습니다. 한 달에 500만 원을 벌지만, 돈이 없다고 살기가 힘들다고 하소연하는 사람이 있습니다. 한 달에 250만 원 벌지만, 이만하면 살 만하다고 여유롭게 말하는 사람이 있습니다.

바우는 미용사가 꿈입니다. 머리를 손질하는 게 재미있습니다. 자신의 꿈에 대해 이야기하면 주변 사람들이 한마디씩 합니다.

형
> 야, 무슨 미용을 한다고 그러냐? 차라리 헬스 트레이너가 되라. 요즘 능력 있고 괜찮은 여자들이 미용 목적으로 헬스장을 열심히 드나들잖아.

엄마
> 아니, 뭐라고? 내가 널 어떻게 가르쳤는데, 고작 그거 하라고 비싼 돈 들여가며 학원 보낸 줄 아냐? 공부 좀 한다고 온갖 뒷바라지 다 해 주었더니 미용이 꿈이라고? 헬스 트레이너는 또 뭐야? 아니, 형이란 놈이 공부도 시원찮은 주제에 동생한테 쓸데없는 소리나 하고. 너는 허튼 생각하지 말고 열심히 공부해서 의대 가야 해.

친구
> 뭐, 부모님이 의대를 가래? 의대는 아무나 가냐? 공부를 엄청나게 잘해야지. 야, 솔직히 말해서 네 엄마가 뭘 모르는 거지. 너 성적이라 해 봐야 의대는커녕 인서울도 헉헉대잖아. 그 성적 가지고는 서울에 있는 웬만한 대학도 힘들어. 의대 꿈일랑은 아예 일찌감치 접어라.

친구란 게 고맙기도 하지요. 부탁도 안 한 입시 설명까지 해 줘 가면서 코를 죽이니 말입니다. 나와 가까운 사람들이 내 꿈에 대해서 서로 다른 말들을 할 때 과연 어떻게 해야 할까요? "내 인생은 내 것이니 내가 하고 싶은 대로 할 겁니다." 오로지 내 꿈을 위해서 다 무시하고 꿋꿋하게 내 길을 가야 할까요? 그러기에는 마음에 짐이 너무 큽니다. 그렇게 해서 딱히 잘되리라는 자신도 없고요. 그렇다고 내 꿈을 접고 부모님의 요구를 따르자니, 그것 역시 맘에 영 들지를 않습니다. 왜 내 인생인데, 내가 원하는 게 아니라 부모님이 원하는 것을 해야 한다는 건가?

왜 부모님은 미용에 대해 거부감을 갖고 계실까요? 물론 어른들은 미용이 여자가 하는 일이라 생각한다는 것도 압니다. 간호사 역시 여자들이 하는 것이라고 여겨 왔고요. 예전에는 그랬었지요. 군대도 당연히 남자만 가는 일이지, 여자가 할 일은 아니라고 믿어 왔고요. 하지만 이스라엘에서는 여자도 군대 가는 게 의무라고 들었습니다. 미국에서는 간호사들 중에 남자 간호사도 많다고 합니다. 이발사가 아닌 미용사들 중에도 유명한 남자들이 있습니다. 그런데 왜 안 된다고만 하는지 너무나 답답합니다.

 키르케고르 선생 왈,

"침대는 만들어질 때, 이미 그 쓰임새(본질)가 결정되어 있어. 침대는 자기 위해서 만든 거야. 그 기능을 더 이상 유지할 수 없게 되

는 순간, 침대의 수명은 끝이 나는 거지. 즉 죽음(폐기처분)이야. 우리가 알고 있는 모든 존재하는 것(만물)들이 다 그래. 만들어지는 순간부터, 혹은 태어나는 순간부터 이미 그 존재하는 방식(삶)이 정해져 있는 셈이지. 그 틀에서 벗어날 수가 없어. 하지만 인간은 달라. 태어날 때 그 인간이 어떤 인생을 살아갈지 아무도 몰라. 팔다리 없는 장애를 안고 태어난 아이를 보며 사람들은 그 아이 인생은 끝이라고 불행할 뿐이라고 말할 수도 있어. 다리가 없는 책상이나 날이 뭉툭한 도끼나 걷지 못하는 아기 사슴 등을 볼 때면, 사람들은 누구나 죽음(폐기처분)을 당연한 것으로 여기지. 그러나 인간은 달라. 그런 장애를 갖고도 인간은 때때로 멀쩡한 사람들보다 더 훌륭한 일을 하기도 해. 남이 보기에 멀쩡한 몸에 멀쩡한 직업을 갖고 있음에도 불구하고 우울증에 빠져서 죽음을 꿈꾸는 사람들에게 삶의 소망과 기쁨을 일깨워 주기도 한단 말이야.

오체만족이라고 들어 봤겠지? 인간은 자기의 삶을 선택해 감으로써 삶의 모습을 만들어 가. 마치 조각가가 돌을 쪼아서 예술품을 만들어 가듯이 말이야. 내 인생의 진정한 모습(본질)은 내가 살아가면서 만들어 가는 것이지. 그래서 인간의 그런 존재방식을 실존이라고 불러. 다른 것들은 단지 존재할(본질이 정해져 있을) 뿐이지만, 인간은 그 본질(어떤 인간이 되는가)이 정해져 있지 않아. 자기가 살아가는 순간마다 갈 길을 선택하는 과정을 통해서 나라는 인간의 모습을 만들어 가는 것이지. 죽기 전까지는 그 인생이 어떤지를 아무도 단정할 수가 없어. 죽음의 순간조차도 그 인간의 본질과 가치를 완성하는 과정인 셈이지."

 데리다 선생 왈,

"가치관이라는 것은 그 시대에 속한 생각일 뿐이야. 특정 시대, 특정 지역의 인간들이 자신들이 살아온 사회 구조(환경)에 의해 학습되고 세뇌되어서 만들어진 것이란 말이지. 따라서 다른 시대에 살고 있거나 다른 지역에 살고 있는 인간들에게까지도 그 가치관이 반드시 옳다고 주장할 수가 없어. 시대마다 지역마다 가치 기준은 상대적이고 변한다는 뜻이야. 부모님의 가치관은 부모님이 살던 사회의 구조 속에서 만들어진 그들의 세계일 뿐이야. 말하자면 남자들이 주축이 되어서 여자들을 열등하게 본다거나, 여자들이 하는 일을 하찮은 것으로 여기거나 하는 거지. 그걸 남성 중심적 사고방식이라고 부를 수 있을 거야.

그들이 살았던 시대의 사회 구조(환경)로 말미암아 그런 식으로 생각하게끔 만들어졌다고나 할까? 미용이나 의료나 서로 다른 것이지, 어느 것이 우월하다고 말할 수가 없어. 남자가 하는 일과 여자가 하는 일을 나누어서 보는 구시대적 관점에서 벗어날(해체할) 필요가 있는 거야. 남자의 일과 여자의 일이라는 것은 단지 언어적인 명칭의 차이일 뿐인 거지. 우리가 사용하는 말(남자의 일, 혹은 여자의 일)에 일치하는 무언가가 정신 바깥의 세상에 객관적으로 있는 게 아니야. 그냥 뭔가 있는데, 서로 다를 뿐. 그러니까 여자가 하는 일을 남자가 하는 일이라고 명칭을 붙이고, 남자가 하는 일을 여자가 하는 일이라고 명칭을 붙여도 전혀 문제가 없다는 거지."

가부장제

가부장제의 기원에 대한 설명 중 하나는 이런 것입니다. 남자들이 여자들을 억압하고 착취하기 위해서 만든 제도라는 낙인입니다. 한때 명절만 되면 왜 여자들만 음식을 하며 고생을 하느냐는 아우성이 미디어 매체를 도배하곤 하였습니다. 마치 인권의 사각 지대(남녀 차별)를 적나라하게 보여 주는 미개한(?) 가부장제의 증거라도 되는 듯이 말입니다.

왜 명절이면 남자만 벌초하러 가느냐는 물음은 아무도 하지 않았습니다. 왜 멧돼지가 쳐들어오면 남자들만 보내는지, 왜 남자들만 나무하러 산 속으로 올라가는지, 왜 남자들만 전쟁터로 내몰리는지, 왜 남자들만 무너진 지붕을 고치러 올라가야 하는지 등등. 적어도 균형 잡힌 사고를 할 줄 아는 인간이라면, 당연히 남자들만 하는 고생에 대해서도 물어야 하는 것 아닐까요?

고대 사회에서는 여자가 홀로 생계를 유지한다는 것이 아주 힘든 일이었습니다. 지금처럼 포클레인이나 총 같은 기계가 있는 것도 아니고 그야말로 완력(체력)으로 노동과 전쟁 등 모든 걸 감당해야 하는 시대였습니다. 당연히 남자들이 신체적으로 그런 일들에 유리합니다. 그래서 남자들은 바깥일(힘들고 위험한 일)을 선택하였습니다. 여자들은 체력이 열세이고 게다가 한 달에 한 번 생리를 합니다. 힘으로 해결해야 하는 전쟁이나 바깥일에서 남자보다 불리할 수밖에 없습니다. 그래서 여자들은 집안에 머물면서 할 수 있는 일을 선택했던 것입니다.

사실 가부장제는 체력이 열세인 여자에게 살길을 마련해 준 제도였습니다. 그 당시 생산 체제에서는 여자의 인권(삶)이 그나마 가부장제를 통해서 유지될 수가 있었습니다. 집안에서 할 일이 있었기에 여자의 존재 가치(쓸모)가 인정되었습니다. 게다가 여자들이 낳아 주는 아들(남자)이 있어야만 그 가족 공동체의 안전과 노후를 보장받을 수가 있었습니다. 지금처럼 치안을 담당하는 경찰이나 노후에 지급되는 국민 연금 같은 것이 있었던 게 아니지 않습니까? 아들은 노후에 닥칠지도 모를 약탈과 굶주림으로부터 생존하기 위한 길이었습니다. 그래서 아들을 선호했던 것입니다.

그런데 산업혁명을 통해서 자본주의라는 체제가 생겨납니다. 기계 설비와 생리용품의 발전은 여자들이 집 밖에서 홀로 돈벌이할 수 있는 기회를 제공해 줍니다. 근대국가에서 만든 경찰제도와 연금제도는 '여자 홀로'의 안전과 노후를 가능하게 해 줍니다. 더 이상 남편이나 아들에 의존해야 할 걱정을 하지 않아도 되는 상황이 된 것입니다. 자본주의가 등장함으로써 가부장제를 약화시킬 수 있는 여건이 조성되었던 것이지요.

오리엔탈리즘

서구 선진 국가들은 동양이 비합리적이고 열등하며 도덕적으로 미개하고 비정상이라고 생각했습니다. 반면에 서양은 합리적이고 우월하며 도덕적으로 성숙하고 정상이라고 생각했습니다. 이런 식의 사고방식을 가지고 있었기에 동양에 대한 식민 지배는 정당한 것이고 동양에 이익을 가져다주는 것이라는 논리가 가능해집니다.

서구 사람들은 동양 사람들이 개고기 먹는 것을 비난했습니다. 비도덕적이고 반문명적 문화라는 것이지요. 소를 아끼는 인도를 보고서는 소를 숭배하는 미개한 신앙을 가지고 있다는 식으로 무시하였습니다. 서양인들은 개를 잡아먹으면 법에 걸리지요. 한국에서는 소를 잡아먹을 경우 나라에서 처벌을 하는 규정이 있었습니다. 서양인은 개를 숭상하고 한국인은 소를 숭상하기 때문일까요?

　서양인들은 목동 출신입니다. 양을 몰고 여기저기 떠돌 때면, 개만큼 소중한 동물이 없습니다. 맹수의 위협을 알려 주고 주인과 함께 싸우기도 합니다. 양을 몰아갈 때면 개들이 양들을 몰아 줍니다. 사람의 생존과 일을 위해서 필요한 아주 소중한 존재입니다. 외로울 때면 의지할 수 있는 친구이기도 합니다. 그런 개를 인정상 잡아먹을 수는 없습니다. 또한 그것은 비효율적인 짓입니다. 득보다 실이 많은 것이지요. 반면에 소나 양은 잡아먹기 위해서 기릅니다.

　동양인들은 농부 출신입니다. 농사를 지을 때면, 소가 너무나 필요합니다. 쟁기를 끌어 주고 무거운 거름과 곡식과 흙을 날라 줍니다. 소가 없으면 농사짓기가 아주 힘이 듭니다. 그래서 풀이 없는 겨울에 소가 굶주리지 않도록 미리 소의 양식을 비축해 둡니다. 소가 굶어죽으면 안 됩니다. 내년, 후년에 농사짓기가 너무나 어려워지기 때문입니다. 그래서 소를 잡아먹을 생각을 할 수가 없는 것이지요. 그것은 아주 어리석은 짓입니다. 반면에 개는 돼지나 닭처럼 기릅니다. 농사에 특별히 쓸모 있는 짐승들이 아닙니다.

　사람들은 자신들이 살아온 생활환경을 기준으로 전혀 다른 생활환경에 있는 사람들을 판단했던 것입니다. 이는 마치 왜 밀을 안 먹고 쌀을 먹느냐며 미개하다고 하는 것이나 마찬가지입니다. 기후나 땅의 조건이 서양은 밀 생산에 유리했고, 동양은 쌀 생산에 유리했을 뿐입니다. 어느 쪽이 더 미개하고 어느 쪽이 더 문명적인 게 아닙니다. 왜 여자에게 자리를 양보하지 않고 남자가 덥석 앉느냐고요? 에티켓이 없다고요? 여자는 젊고 남자는 늙었잖아요? 동양에서는 나이 든 사람을 배려합니다. 늙으면 힘들잖아요.

실존주의

실존

인간의 삶은 개인적이며 구체적이고 일회적이다. 매 순간마다 무엇을 할 것인지(입고, 먹고, 말하고 등등)를 선택해야 하는 상황(실존) 가운데 처해 있다. 이 선택은 일회적이며 되풀이되지 않는다. 선택하고 결단해야 하는 삶은 불안할 수밖에 없다. 그 선택의 결과에 대해 내가 홀로 책임져야 하기에 그렇다.

주체성이 진리다

실존은 객관적이 아니라, 주관적이다. 외면적이 아니라, 내면적이다. 삶의 선택은 나의 주관성, 즉 믿음에 따른 주체적인 것이다. 실존하는 내게 진리란 객관적이고 합리적인 게 아니라, 주체적이고 개별적인 것이다. 내가 그것 때문에 살고 그것을 위해 죽을 수 있는 그 무엇이다. 주체성이란 매 순간 어떻게 살 것인가를 내가 결단하며 살아가는 것이다.

신 앞에 선 단독자(키에르케고르)

인간은 신과 대면하고 있다. 진정한 실존은 신 앞에서 진정한 자아를 회복하는 것이다. 신은 단독자(홀로 된 자)만이 발견할 수 있다. 세상에 오직 나뿐임을 자각하는 순간, 인간은 신 앞에 서게 된다. 신 앞에 홀로 서서 전적으로 신에게 자신을 내던지든가, 아니면 뒤돌아서든가 결단을 해야 한다.

한계 상황(야스퍼스)

인간이 피할 수 없고 바꿀 수도 없는 상황이 있다. 죽음, 고뇌, 싸움, 죄책감과 같은 것이다. 인간이 어쩔 수 없는 한계 상황에 직면함으로써 인간은 진정한 자아를 찾을 수 있다. 초월자(신)는 지속적으로 암호(사인)를 보냄으로써 인간에게 말을 걸어 온다. 결정적 암호가 바로 절망이다. 한계 상황에 처한 인간이 그 절망에 대응하는 과정에서 자기를 넘어선 초월자를 향하게 된다.

실존은 본질에 앞선다(사르트르)

다른 사물은 존재함과 동시에 그 본질이 결정되어 있다. 앉는 것이라는 의자의 본질은 만들 때 결정된다. 그러나 인간은 그 본질이 태어날 때 결정되어 있지 않다. 살아가면서 스스로 만들어 간다. 자신의 삶을 선택할 수가 있는 것이다. 자유야말로 인간 존재방식의 핵심이다.

 해체주의

말과 대상 사이에 필연성은 없다(소쉬르)

사과가 맛있는가, 배가 맛있는가? '맛있음'이라는 단어에 해당하는 객체가 있는 게 아니다. 다만 두 과일이 맛에 차이가 있을 뿐이다. 꽃(언어)에 해당하는 어떤 객체가 있어서 꽃이 의미를 갖는 게 아니다. 다른 대상에 대해 하나는 꽃, 하나는 돼지라고 이름을 다르게 붙였을 뿐이다. 단어의 차이를 통해서 대상에 대해 말할 뿐이지, 그 단어에 해당하는 객체가 있는 게 아니다. 언어는 차이의 체계일 뿐, 의미(객체)의 체계가 아니다.

지식의 고고학(푸코)

각 시대마다 관점이 다르다. 광기가 예전에는 질병이 아니었는데 지금은 질병으로 규정되는 것은 시대적 관점이 바뀌었기 때문이다. '이성적-비이성적'이란 구분은 시대를 초월한 진리가 아니다. 그저 우리 시대의 에피스테메(관점, 지식)가 낳은 결과일 뿐이다.

구조주의(레비스트로스)

지금까지 서구인들은 서구 이외의 모든 문화를 미개한 것으로 취급하였다. 이를 정당화하는 근거는 이성이었다. 비서구 사회가 비이성적이라는 생각은 서구 사회가 만들어 낸 관념에 불과하다. 인간의 모든 지식은 그 사회 구조에 의해 만들어진 것이다.

해체(데리다)

서구 사회는 이성에 근거해서 옳고 그름을 판단하고 있다. 모든 가치 기준의 근거로서 보편적 이성이 있다고 믿는다. 그러나 서구 사회가 생각하는 이성은 모든 시대, 모든 지역, 모든 사회에 적용되는 보편적인 실재가 아니다. 근대 서구 사회라는 특수한 환경이 만들어 낸 일종의 편견이다. '이성적-비이성적'이라는 이항적 사고 구조는 근대 서구 사회가 만들어 낸 주관적 생각(관념/형이상학)에 불과하다. 이 사고 방식의 본모습(실체/구조)을 밝혀내고 그로부터 벗어나(해체해)야 한다.

패러다임의 선택

갈릴레이의 지동설 재판을 종교와 과학의 대립으로 해석하는 사람들이 있습니다. 과연 그럴까요? 그 당시 갈릴레이 이외의 많은 과학자들은 뭘 믿었을까요. 천동설입니다. 천동설은 아리스토텔레스로부터 프톨레마이오스(톨레미)로 이어지는 그리스 천문학의 정설이었습니다. 갈릴레이가 과학계의 왕따였던 것이지요.

갈릴레이의 주장을 입막음하는 방법으로 과학계가 선택한 것이 바로 지동설이 성경과 충돌한다는 주장이었습니다. 그 당시에는 비신앙이라는 딱지가 결정적이었습니다. 성경에서 해가 멈췄다고 했으니 해가 움직인다는 것이고 이는 천동설이라는 해석이었습니다. 오늘날도 해가 동쪽에서 떠서 하늘을 가로 질러가서 서쪽으로 진다고 하지 않나요? 해가 움직인다고 말하고 있는 겁니다. 하지만 아무도 이를 천동설을 주장하는 거라 하지 않습니다. 그냥 언어적 습관일 뿐이지요.

사실은 해가 움직이는 건지 지구가 움직이는 건지 우린 알 수가 없습니다. 우주에는 움직이지 않는 기준이 없기 때문에 그렇습니다. 두 기차가 마주쳐 지나가면 서로 상대가 움직인다고 합니다. 그렇게 보이지요. 그때는 움직이지 않는 땅을 봐야 어느 기차가 실제로 움직이는지를 알 수가 있습니다. 그런데 우주에는 고정된 땅이 없습니다. 그러니 한 쪽을 선택해서 고정시키고 운동을 설명할 수밖에 없는 겁니다. 사실은 서로가 움직이고 있는 것입니다. 왜요? 움직이지 않는 고정된 기준(땅)이란 것이 없으니까요.

코페르니쿠스는 태양이 천체 운동의 중심이 되어야 한다고 수학적으로 결론을 내렸습니다. 그리스 최고 천문학자였던 프톨레마이오스의 우주론(천동설)을 거부한 것입니다. 천 년을 이어온 과학계의 정설에 반기를 들었습니다. 갈릴레이는 코페르니쿠스의 지동설을 지지하고 공개적으로 주장하였습니다. 과학계의 정설이었던 천동설의 공격이 시작되었습니다. 갈릴레이를 비신앙(이단)적이라고 정죄하는 꼼수를 부림으로써 그의 주장을 입막음하려 했던 것입니다.

토마스 쿤은 패러다임이라는 개념을 가지고 제도권 과학이 작동하는 방식을 설명하였습니다. 제도권 과학은 일정 기간 동안 가장 그럴 듯한 이론(예를 들자면, 천동설)을 가지고 작동을 합니다. 그러다가 기존 이론으로는 설명할 수 없는 이상 현상(예를 들자면, 역행 현상-행성이 앞으로 가다가 뒤로 가는 현상)들이 관찰됩니다. 그런 사례가 나타나면 제도권 과학은 방어적인 태도(비난, 입막음, 반박 등)를 취합니다.

새로운 관찰로 무장한 신세대는 기존의 이론 패러다임이 바뀌기를 열망합니다. 그러나 기존 패러다임이 무너지기까지는 상당한 시간이 걸립니다. 그동안 기존 패러다임과 충돌하는 연구들은 무시당하고 왕따당하는 수난(예를 들자면, 갈릴레이 재판)을 겪을 수밖에 없습니다. 이런 현상이 누적되다가 때가 차면 마침내 혁명이 일어납니다. 과학의 패러다임 자체가 바뀌는 '패러다임의 전환'이 일어나는 것이다. 기존 패러다임(예를 들자면, 천동설)을 버리고, 새 패러다임(예를 들자면, 지동설)을 선택합니다. 이것이 토마스 쿤이 말하는 과학의 발전사입니다. 과학의 발전사는 새로운 패러다임의 선택과정인 셈입니다.

젠더주의

내가 여자(남자)라고 느끼고 있다면 나는 여자(남자)가 되는 것일까요? 아니면 남자(여자)의 생식기를 가지고 있기에, 남자(여자)의 유전자를 가지고 있기에 남자(여자)인 것일까요? 주디스 버틀러(페미니스트)는 여성을 여성이게 하는 것은 본질(선천적)이 아니라, 담론(후천적)이라고 주장합니다. 남자와 여자는 유전자로 결정되는 것(섹스/성별)이 아니라 사회적으로 만들어진 것(젠더/성역할)이라는 말입니다. 어떤 행위(여성이 할 일/규범)들을 일상적으로 반복하다 보니 여성이 되어가는 것이라고 말합니다. 그래서 남자와 여자라는 성별을 해체하고 여러 가지 종류의 성을 인정해야 한다고 합니다. 그들이 주장하는 바에 따르자면 수십 개의 성이 있다고 합니다.

사회적으로 여성이나 남성에 대해서 말할 때, 우리는 남성과 여성이 사회에서 하고 있는 일(역할)에 대해서 많이 이야기합니다. 사회에서 하는 남성과 여성의 성역할이라는 것은 경험을 통해서 만들어집니다. 역할은 환경, 즉 남자와 여자가 경험하는 환경이 변하면 얼마든지 바뀔 수가 있습니다. 엄마가 없으면, 아빠가 엄마 역할을 대신합니다. 아빠가 없으면, 엄마가 아빠 역할을 대신 감당해야 합니다. 사회적인 성역할(젠더)은 사회적인 환경이나 상황이 바뀌면 보다 유리한 쪽으로 변해 갑니다.

하지만 성별은 타고나는 것(유전자)입니다. 내가 살고 있는 시대나 내가 경험하는 환경이 변한다고 해서 그 유전자가 바뀌는 게 아닙니다. 시대적 상황이나 환경이 바뀌어도 신체 구조는 유지됩니다. 설령 수술을 통해서 호르몬 투입을 통해서 신체 구조를 바꾼다 해도 유전자가 바뀌지는 않습니다. 여자로 수술한 남자가 임신을 할 수는 없는 것입니다.

여자의 임신은 선천적입니다. 그래서 남자는 수술을 하고 호르몬을 투여해도 임신이 불가능합니다. 남자가 군대 가는 것은 후천적입니다. 남자가 뼈나 근육이 우세하기 때문에 근대 이전에는 전쟁에 유리했습니다. 그래서 남자가 군대 가고, 여자는 신체의 생리와 체력의 열세 때문에 군대에 가지 않았던 것입니다. 사실은 여자를 차별한 게 아니라, 배려한 것입니다. 기능적으로 말하자면, 효율성을 생각해서 그렇게 분업을 했던 것입니다.

성이 바뀌는 물고기가 있습니다. 그 마음이 바뀌는 게 아니라 그 신체 구조가 변해서 성이 바뀝니다. 그 목적은 번식을 위해서입니다. 암컷, 혹은 수컷이 사라지면 번식을 위해서 그중 가장 유력한 것이 성을 전환합니다. 마음을 바꿔 먹어서 그렇게 된 게 아니라, 원래 그런 유전자를 갖고 태어났던 것입니다.

우리가 시대 변화에 따라 해체할 수 있는 대상은 주관적 확신이나 상황에 맞춰서 생긴 습관이지 유전자에 따른 신체 구조가 아닙니다. 개인의 정체성에는 주관적 생각(믿음/감정)과 객관적 상태(유전자/신체)가 있습니다. 젠더(성역할)는 후천적으로 습득한 사회적 역할의 영역이지, 선천적으로 타고나는 신체의 영역이 아닙니다. 하지만 성별은 객관적인 조건(생물학적인 유전자)에 따른 것으로 개인의 생각이나 감정에 따른 것이 아닙니다.

성정체성(성별)을 주관적 생각이나 감정이나 성역할(젠더)로 정의할 경우, 법적으로나 객관적으로나 받아들일 수가 없는 게 되어 버립니다. 만일 자신이 쥐라고 느끼는 사람의 종 정체성(주관적 생각이나 느낌)을 가진 인간을 법적으로 인정해 주게 된다면, 그(쥐?)는 사람과의 결혼도 부모의 재산 상속도 할 수 없게 됩니다. 그는 쥐이기 때문에 그렇습니다. 그에게 쥐약을 먹여도 법은 처벌할 수가 없습니다. 쥐니까요.

내가 빌 케이츠의 아들이라고 혈연 정체성을 확신하면, 빌 게이츠는 법에 따라 내게 재산을 상속해야 합니까? 남자가 여자라고 성 정체성을 선택하면, 여자 화장실에 들어가는 권리가 법적으로 주어져야 합니까? 내가 대졸자라고 학력 정체성을 선택하면, 대학을 안 다녔어도 법적으로 대졸자로 인정해 주어야 합니까?

자동차 바퀴 2개를 떼어 버리면 오토바이가 되는 건가요? 여자(남자) 옷을 입는다고 여자(남자)가 되는 게 아닙니다. 남자(여자)의 생식기 모양으로 성형 수술한다고 해서 남자(여자)가 되는 게 아닙니다. 겉모양이 성별을 가르는 기준의 본질이 아니기 때문에 그렇습니다. 그 겉모양을 만드는 유전자가 본질입니다. 옆집 아저씨가 내 아버지 옷을 걸친다고 성형으로 얼굴을 유사하게 만든다고 해서 내 아버지가 되는 것인가요? 생물학적인 유전자 검사를 해 봐야 합니다.

말이 안 통해

장자의 일화 중에 이런 얘기가 있습니다. 연못 속을 한가롭게 오고가는 물고기를 보며 물고기는 참 행복하겠다고 한마디 합니다. 그러자 친구가 묻습니다. "네가 물고기가 아닌데, 물고기가 행복한지 불행한지를 어떻게 안다는 것이냐?" 정말 그럴 듯한 반박이지 않습니까? 뭐라고 응답하면 될까요? 친구에게 이렇게 되묻습니다. "너는 내가 아닌데, 내가 물고기의 속을 아는지 모르는지를 네가 어떻게 안다는 말인가?" 그렇지요. 내가 모를 것이라는 것은 그 친구의 생각(편견)일 뿐입니다.

서양에서도 그 비슷한 유명한 명제가 있습니다. 고르기아스라는 사람이 던진 말입니다.

"이 세상에는 아무것도 없다.
설령 있다 해도 알 수가 없다.
설령 안다고 해도 전할 수가 없다."

"엄마하고는 말이 안 통해." 종종 이런 말들을 많이 합니다. 도대체 엄마는 내 마음을 어찌 안다고 나에 대해 이러쿵저러쿵 함부로 단정하듯이 말하는 것일까요? 매사가 네가 뭘 아느냐는 식입니다.

도무지 대화가 안 되는 것이지요. 그래서 아예 상대를 안 하기로 마음을 먹습니다. 집에 가면 가급적 방문을 꽝 닫고, 잠수 타는 게 최선입니다.

가정마다 부모들이 세워 놓은 규칙이 있습니다. 숙제나 집안일이나 귀가 시간에 대한 부모의 요구 사항이 있을 수 있습니다. 또한 핸드폰이나 텔레비전이나 컴퓨터 사용에 대한 제한도 있을 수 있습니다. 가정만이 아니지요. 학교에서도 비슷한 상황입니다. 그러한 제한들 때문에 자유가 없다는 생각이 듭니다.

"정말 짜증 나 죽겠어. 다른 애들은 더 늦게 들어가도 되는데, 왜 우리 집만 일찍 들어오라고 난리인지 모르겠다니까."

"핸드폰 통화까지 감시받으며 산다는 건 정말 끔찍해. 날 꼭 어린애 취급을 한단 말이야."

"우리 엄마는 내 신세를 망치려고 작정했나 봐. 내가 친구도 못 사귀게 해."

많은 청소년들이 종종 부모, 혹은 학교가 세워 놓은 규칙을 어기고 어른들의 요구 사항에 대해서 반항을 합니다. 그렇기는 하지만 만일 규칙이란 게 전혀 없다면, 자신들의 생활이 매우 혼란스러워질 것이라는 점도 알고 있습니다. 하지만 어떤 규칙들은 청소년들로 하여금 그토록 거부감을 느끼게 만듭니다. 그 이유가 대체 뭘까요?

"난 어린애가 아니라고요."

아직도 어린애 취급당하는 것 같아서 부모의 규칙에 반감을 갖는 것인지도 모릅니다. 이제 충분히 나이가 들어서 알 건 다 아는데, 아직도 규칙은 변할 생각을 안 합니다. 도대체 요즘 또래 청소년들이 어떻게 사는지 우리 부모님은 전혀 모르는 것 같습니다. 맨날 자기 어린 시절 얘기만 늘어놓습니다. 이제 시대가 한참 변했다는 것을 왜 도대체 깨닫지 못할까요?

게다가 행여나 다른 형제에게 더 너그러운 모습을 보이면, 반감은 더욱 거세집니다.

"왜 나만 갖고 그러는데……?"

동생이라는 이유로, 형(언니)이라는 이유로, 여자(혹은 남자)라는 이유로, 공부를 잘한다는 이유로 등등 뭔가 나와 다르게 대하는 것을 보면 열불이 나지요.

부모의 권위에서 벗어나고 싶은 것은 당연합니다. 청소년기를 '이유 없는 반항'이라고 하지 않습니까? 예전에는 시키는 대로 군말 없이 했는데, 이젠 토를 다는 거지요. 그러니 부모 입장에서는 애가 왜 이래라는 생각을 하게 됩니다. 갑자기 이유 없이 반항하는 것이지요. 이유가 없는 게 아니라, 나이를 먹은 겁니다. 부모와 다른 의견을 갖고 독립적으로 선택하기 시작하는 나이가 된 것입니다.

애정

그렇다고 해서 부모로부터 전혀 제한을 받지 않으면 삶이 정말 더 나아질까요? 그렇지는 않을 겁니다. 아직도 배우고 익혀야 할 것이 많이 있기에 이미 인생을 살아 본 어른들의 도움과 지도가 필요합니다. 다만 더 이상 무조건 따르라는 식으로는 안 된다는 거지요. 부모의 요구를 무조건 거부하는 게 현명하지 못한 태도인 것처럼, 자녀에게 무조건 따르라는 것도 역시 현명하지 못한 태도입니다.

아마 또래 친구들 중에는 맘대로 밤늦게까지 밖에 있을 수 있다거나, 좋아하는 옷은 무엇이든 사 입을 수 있다거나, 가고 싶으면 어디든 아무 시간에나 갈 수 있다거나 하는 애들도 있을 수 있습니다. "쟤는 되는데, 왜 나는 안 된다는 건가? 내가 쟤보다 모자란다는 건가?" 그런 것은 아닙니다.

아마도 그런 아이들의 부모는 너무 바빠서 자녀들이 뭘 하고 다니는지 살필 여유가 없는 것인지도 모릅니다. 하고 싶은 대로 하도록 내버려두는 부모는 자녀에게 충분히 애정을 주지 못하는 것일 수 있습니다. 사실은 부러워할 일이 아닌 거지요. 물론 간섭이 지나치면 그것도 힘들겠지만, 그래도 애정을 갖고 있다는 것은 분명합니다. 그래서 사랑의 반대는 미움이 아니라, 무관심이라는 말도 있습니다. 부모가 세운 규칙은 사랑과 관심의 증거이기도 합니다.

하지만 때때로 부모의 규칙 때문에 숨 막힐 때도 있습니다. 그건 분명한 사실입니다. 어떻게 하면 좀 더 자유로울 수 있을까요? 아니면 간섭 때문에 기분이 나빠지는 걸 최소화할 방법은 없을까요? 분명한 사실은 이렇습니다. 부모의 사고방식이나 태도를 바꾸는 것은 내가 선택할 수 있는 부분이 아니라는 사실입니다. 남을 바꾸는 것은 어렵습니다. 내가 월등히 힘이 세지 않는 한 말입니다.

선택

그렇다면 내가 할 수 있는 것은 무엇일까요? 내 태도를 바꾸는 것입니다. 남을 바꾸는 것은 내 의지만으로 할 수 있는 영역이 아닙니다. 그러나 나를 바꾸는 것은 내 의지만으로도 할 수 있는 영역입니다. 물론 감정적으로 내키지 않는다거나 도저히 못하겠다거나 자존심 상한다거나 등등 여러 가지 난관이 있을 겁니다. 하지만 이모든 것 역시 내 의지와 결단과 선택에 의해 바꿀 수 있는 영역입니다.

부모의 사고방식이나 태도를 바꾸는 것은 부모가 선택할 영역입니다. 하지만 그런 부모를 대하는(다루는) 나의 태도는 내가 선택할 수 있는 영역입니다. 기분 나쁘다고 왜 나를 간섭하느냐고 각을 세워가며 반항하고 싸우고 거역하는 것은 좋은 방법이 아닙니다. 오히려 내 의사와는 반대되는 쪽으로 부모의 사고방식이나 태도가 더 강화될 것이기 때문에 그렇습니다. 문제 해결보다는 문제를 더욱 악화시키는 선택입니다.

부모의 간섭은 나를 괴롭히려는 의도에서 나온 게 아닙니다. 나를 걱정해서 보호하고 더 잘되도록 하기 위해서 나온 것입니다. 다만 그 방법이 서투른 것이지요. 나이에 맞게 간섭의 영역과 강도를 줄여가야 함에도 불구하고 이게 잘 안 되는 것입니다. 분명한 것은 여전히 자녀를 향한 애정은 변함이 없다는 것이지요.

그렇다면 그 애정을 봐서라도 내가 먼저 부모의 규칙을 따라 주는 선택을 할 수도 있지 않나요? 사람은 누구나 자기 말을 잘 들어 주는 사람을 좋아하게 되어 있습니다. 그리고 그렇게 처신하는 사람의 말을 믿고 받아들이는 경향이 있습니다. 지금 내 마음에 들지 않는 규칙을 따라 주는 것이 내 자유를 포기하는 것이 아니라, 더 많은 자유를 누리기 위한 사전 포석이 될 수도 있다는 것입니다.

가만히 한 번 살펴보십시오. 형제나, 혹은 친구 중에서 보면, 부모로부터 자기가 원하는 바대로 잘 얻어 내는 애들이 있습니다. 어떻게 그럴 수 있는 걸까요? 그들의 부모가 마음이 특히 넓어서일까요? 아마도 대부분은 그렇지 않을 겁니다. 나와는 다른 그들만의 전략이 있는 것이지요. 그게 뭐겠습니까? 규칙을 어기지 않고 계속